Dobar dan,

die Kroatische Adria – das ist ein mit rund 1800 km schier endlos langer Küstenstreifen. Er reicht von der grünen Halbinsel Istrien im Norden über die schon um 1900 vielbesuchte Kvarner Bucht mit ihren Seebädern und die dalmatinischen Städte Zadar und Split bis zur vielgepriesenen »Perle der Adria«, nach Dubrovnik, ganz im Süden Dalmatiens.

INSELN FÜR JEDEN GESCHMACK

Dazwischen liegen unzählige wunderschöne Badebuchten, viele nette kleine Orte, an denen man gerne länger verweilen möchte. Nicht zu vergessen die faszinierende Inselwelt. Immerhin kann sich Kroatien rühmen, mehr als tausend Inseln und Felsriffe zu haben. Vielleicht kennen Sie schon einige der größeren und vielbesuchten Inseln. Rab, Brač, Hvar oder Korčula sind wahre Inselschönheiten. Aber es gibt auch kleine Inselchen, fast noch Geheimtipps. Ihre Lieblings-Miniinseln haben Daniela Schetar und Friedrich Köthe auf S. 22/23 für Sie zusammengestellt. Dort fühlt man sich, als wäre die Zeit stehen geblieben.

URLAUB EINMAL ANDERS

Für Frank Heuer, Fotograf dieses Bandes, war eine Minikreuzfahrt mit Boot und Rad (S. 86) das Highlight seines Rechercheaufenthaltes. Daniela Schetar dagegen schwört neuerdings auf Yoga, sie hat auf der Insel Iž an einem einwöchigen Kurs teilgenommen (S. 77). Und ich habe mir fest vorgenommen, bei meinem nächsten Kroatien-Aufenthalt längere Wanderungen einzuplanen, ich möchte unbedingt einmal auf Cres (S. 16/17) oder Rab zu Fuß unterwegs sein oder dem Wanderweg der Sieben Wasserfälle entlang der Mirna (S. 41) folgen. Was auch immer Sie unternehmen, viel Spaß dabei!
Herzlich

Ihre
Birgit Borowski

Birgit Borowski
Redaktion DuMont Bildatlas

42 Kvarner Bucht: das Städtchen Rab auf der gleichnamigen Insel mit seinen vier Glockentürmen.

98 Süddalmatien: in den Gassen von Korčula.

62 Norddalmatien: Trutzig und klein, die Wehrkirche von Nin.

78

Mitteldalmatien hat viele Highlights zu bieten: auch die Insel Hvar.

Istrien

Kvarner Bucht

Norddalmatien

Mitteldalmatien

Süddalmatien

Das Beste erleben

Berührend, aufregend und spannend ...
sind unsere Ideen, die wir für Ihren Aufenthalt
an der Kroatischen Adria zusammengetragen haben.

Grüne Wunder

• 1 •

NATIONALPARK PLITVICER SEEN

Sinterbarrieren, wilde Orchideen, Libellen und das stetige Rauschen und Plätschern des Wassers – ein Zauberreich der Natur.

Seite 77

• 2 •

KRKA-NATIONALPARK

Kroatische Wildnis: Flussschlingen, Wasserfälle, Wälder und Schluchten begleiten den Weg der Krka bis zu ihrer Mündung in die Adria.

Seite 95

Große Kunst

• 3 •

EUPHRASIUS-BASILIKA IN POREČ

Goldglänzende Mosaiken mit einem alles sehenden Christus – das frühchristliche Gotteshaus ist UNESCO-Weltkulturerbe.

Seite 39

• 4 •

KATHEDRALE VON ŠIBENIK

Das originellste von Juraj Dalmatinacs Renaissance-Meisterwerken.

Seite 95

• 5 •

IVAN-MEŠTROVIĆ-GALERIE IN SPLIT

Seine Skulpturen sind oft monumental, meist rätselhaft und fast immer religiös – Besuch bei einem der größten Künstler Kroatiens.

Seite 96

Frischer Schwung

* 6 *

KAJAKTOUR BEI RAB

Entlang der schroffen Ostküste zu Höhlen und Stränden. Vom Kajak eröffnet sich eine ungewöhnliche Perspektive auf die Insel.
Seite 61

* 7 *

KORNATEN-ARCHIPEL

Felsinseln und Traumbuchten bilden eine Sehnsuchtslandschaft, deren archaische Schönheit sich leider nur Bootsfahrern erschließt.
Seite 76

* 8 *

NIGHTLIFE IN SPLIT

Vor allem im Stadtteil Varoš locken Kneipen, Bars und Clubs.
Seite 96

Reiner Genuss

* 9 *

ALTSTADT VON ROVINJ

Ein Bummel durch die malerischen Gassen von Rovinj bedeutet Genuss pur.
Seite 40

* 10 *

MEERESORGEL IN ZADAR

Das Meer musiziert tatsächlich in den Betonröhren der Meeresorgel – manchmal dumpf klagend, manchmal fröhlich verspielt.
Seite 75

* 11 *

DUBROVNIKS ALTSTADT

»Die Perle der Adria« entfaltet mit mächtigen Befestigungsanlagen, Palästen und prächtigen Kirchen einen eigenen Zauber.
Seite 112

* 12 *

ARBORETUM TRSTENO

Spazieren gehen, Natur und Kunst bewundern, Nachdenken. Der bezaubernde Park und seine Villa haben Menschen schon seit der Renaissance inspiriert.
Seite 113

INSELSCHÖNHEITEN ...

... hat Kroatien jede Menge – und Rab in der Kvarner Bucht gehört unbedingt dazu. Der Inselhauptort Rab drängt sich auf einer schmalen Landzunge. Steile Wege und Treppen verbinden die drei längs verlaufenden Hauptgassen. An der höchst gelegenen reihen sich vier Kirchen mit ihren Glockentürmen hintereinander auf.

mistral
Uz pravu ekipu,
sve je moguće.
Coca-Cola

SOMMER, SONNE, STRAND

Versteckte Buchten und schöne Strände finden sich auf den Inseln, aber auch an der Festlandsküste. Mal legt man das Badehandtuch auf große Natursteine, mal auf Kieselsteine und selten auf Sand. Gemeinhin als schönster Strand Kroatiens gilt Zlatni rat (Goldenes Horn) auf der Insel Brač. Hier treffen sich Windsurfer, Sonnenanbeter und FKK-Anhänger.

WENN DIE SONNE IM MEER VERSINKT

Es ist der vielleicht romantischste und magischste Moment des Tages. Man sollte ihn genießen. Wie? Natürlich mit einem »Sundowner« in einer Bar am Strand (hier in der Bar Amore in Novigrad) oder einfach auf einem Felsen am Meer.

RÖMISCHES ERBE

Ab ca. 200 v. Chr. wurde der römische Einfluss im Gebiet des heutigen Kroatien stärker. Vor allem während der Kaiserzeit (1.–3. Jh. n. Chr.) entstanden prächtige Bauten. Unter Kaiser Augustus wurde in Pula das Amphitheater errichtet. Einst fanden 23 000 Zuschauer darin Platz, und die Außenmauern ragen stolze 32 m in die Höhe.

BIKE

WANDERFREUDEN

Im Frühjahr oder Herbst gibt es kaum etwas Herrlicheres als zu Fuß an Kroatiens Küste unterwegs zu sein. Es gibt auf dem Festland, aber auch auf den Inseln viele gut markierte Wanderwege unterschiedlicher Schwierigkeitsgrade – unterwegs bieten sich immer wieder herrliche Aussichten, wie hier an der Nordostküste von Cres bei Beli.

DIE PERLE DER ADRIA

Gewaltige Befestigungsmauern umgeben die Altstadt von Dubrovnik mit ihren prächtigen Palästen und Kirchen. Auf diesem Bild erkennt man sehr gut, dass die Stadt ursprünglich aus zwei Teilen bestand, einem auf dem Festland und einem auf einem vorgelagerten Inselchen. Ein Meeresarm bildete die Trennlinie. Dieser im 11. Jh. zugeschüttete Kanal ist heute die zentrale Stadtachse, Stradun.

ABENDLICHES LEBEN

Wenn die Dämmerung kommt, die Hitze des Tages vorbei ist, trifft man sich – an der Meerespromenade oder auf den zentralen Plätzen der Stadt. Hier in Zadar auf dem Narodni Trg. Und es ist klar, Musikuntermalung gehört dazu.

NARODNI TRG
Mala
HANDMADE
GET A BIKE
RIDE FOREVER
WORK WHENEVER

Mini-Eilande

FAST NOCH GEHEIMTIPPS

Über tausend Inseln, davon 67 bewohnt – nein, das ist nicht die Südsee, das ist die Kroatische Adria. Darunter sind große Eilande wie das unaussprechliche Krk und kleine Felsbuckel wie die Kornaten. Folgende sechs Inseln besitzen besondere Reize, sind entweder noch fast unberührt, erstaunlich vielseitig oder angenehm alltäglich. Und sie sind klein.

1

EIN SCHIFF WIRD KOMMEN

Die knapp 4 km² kleine Insel Susak wird nicht häufig angefahren. Obwohl sie Sandstrände besitzt, hat der Tourismus sie nicht vereinnahmt. Ein paar Ferienhäuser, privat vermietete Gästezimmer, ein, zwei Restaurants – das war's. Die Morgenfähre spuckt Einheimische aus und Tagesbesucher, die abends nach einem Tag am Sandstrand Bok nach Mali Lošinj zurückfahren. Nicht nur der Sand macht Susak einzigartig, auch das viele Grün von Schilf und Weinreben. Abends singen Zikaden ein Schlaflied, begleitet vom Plätschern des Meeres.

Info: www.otok-susak.org Fähre: ab Mali Lošinj, zweimal tgl., ca. 1 Std.; Katamaran einmal tgl., ca. 1 Std. 20 Min., www.jadrolinija.hr

DUFTENDE MACCHIA

Eingeklemmt zwischen Dugi Otok und der Doppelinsel Ugljan/Pašman liegt Iž: Dichte Wälder und duftende Macchia, zwei Orte – Mali (Klein) und Veli (Groß) Iž - eine Reihe gut geschützter, idyllischer Buchten, der Hügel Korinjak, 168 m hoch. Eine kleine Herausforderung mit dem Mountainbike, aber lohnend, denn der Blick über das Inselmeer vor Zadar ist fantastisch, und die nächste Badebucht ist auch schnell erspäht. Am Hafen von Veli Iž flicken abends Fischer ihre Netze. Ihr Fang brutzelt in der Konoba Mandrać auf dem Grill.

Info: https://zadar.travel/explore/archipelago/iz Fähre: ab Zadar Katamaran einmal tgl., ca. 35 Min., www.jadrolinija.hr, Passagierschiff zweimal tgl., 1 Std. 20 Min., www.gv-zadar.com

3

STAUFREI ÜBER DIE INSEL

Es ist nur ein halbstündiger Katamaran-Sprung von Split auf die Insel Šolta. Wer im Fährhafen Rogač einen Motorroller mietet, tuckert staufrei über die Insel. Gemütlich geht's vorbei an uralten Steinhäusern und Weinpflanzungen zu hübschen Buchten und romantischen Städtchen wie Maslinica, dessen barocke Burg heute ein Luxushotel beherbergt. Nicht weit lockt die fjordartige Šešula-Bucht mit Kiesstrand und Fischrestaurants. Abends zurück in Split, hat die Großstadt uns wieder.

Info: https://visitsolta.com
Fähre: ab Split Katamaran nach Rogač zweimal tgl., ca. 30 Min., www.ksc.hr; Fähre viermal tgl., ca. 1 Std., www.jadrolinija.hr

INSEL DER SCHWÄMME

Früher war Krapanj berühmt für seine Schwämme, und auch heute noch tauchen einige Männer danach. Die kleinste bewohnte Insel der kroatischen Küste ist gerade einmal ein Drittel Quadratkilometer groß, 900 m misst die Inselpromenade, gesäumt von pastellfarbenen Steinhäusern, ein paar Kiesstränden und dem Hotel Spongiola im Norden. Ganz im Süden betreibt Marko die gemütliche Konoba Dalmata, von deren Terrasse der Blick über die Boote schweift. Krapanj wirkt völlig verschlafen und abgelegen.

Info: https://visit-krapanj brodarica.com
Fähre: stündlich, ca. 5 Min., http://www.gradski-parking.hr/stranice/ship-lines/11/en.html

IM GOT-UNIVERSUM

Jahrhundertelang begrüßte die Insel Lokrum die Schiffe bei der Einfahrt in Dubrovniks Hafen. Heute liegt der moderne Hafen auf der anderen Seite der Altstadt, und Lokrum avancierte zum Ausflugsziel der Dubrovniker. Besonders FKK-Jünger schätzen die blickgeschützten Badestellen zwischen Felsen. Andere kommen, um im üppigen, im 19. Jh. angelegten Park zu promenieren. Und wiederum andere suchen nach dem Eisernen Thron – Lokrum diente so lange als Kulisse für die Fantasy-Serie Game of Thrones, dass es selbst ein Teil der GoT-Legende geworden ist.

Info: www.lokrum.hr
Fähre: vom alten Hafen, Dubrovnik, jede halbe Stunde, ca. 10 Min.

KUNST UND FEINER SAND

Welche der Elafitischen Inseln die spannendste ist? Für uns Lopud. Am Hafen begrüßen uns Kirche und Kloster, daneben eine Reihe Steinhäuser, kleine Palazzi mit venezianischem Dekor, ein paar Restaurants. Dahinter winden sich schmale Gassen den Hang hinauf zwischen Gärten zu einer uralten Kapelle. Jenseits des Hügels geht's durch dichten Wald hinunter zu einem Halbmond weißen Sandes, einer Traumbucht! Und dann steht da noch ein schwarzer Kubus in der Landschaft, eine Kunstinstallation von Olafur Eliasson und David Adjaye, die genial mit Licht spielt. Viele Facetten – eine Insel.

Info: https://tzdubrovnik.hr
Fähre: ab Hafen Dubrovnik-Gruž Autofähre einmal tgl., 1 Std., Passagierfähre dreimal tgl., ca. 1 Std., www.jadrolinija.hr

1

5

Istrien

DREI FARBEN — WEISS, GRAU, ROT

Nur die Küsten dieser mit so viel Schönheit gesegneten Halbinsel zu kennen, hieße, sich ihrer Genüsse zu berauben! Eine Entdeckungsreise zu begnadeten Landwirten, ländlicher Freskenkunst und in die Tiefen der Adria.

Poreč, eines der beliebtesten Ziele an der istrischen Küste. Die Altstadt liegt malerisch auf einer Landzunge.

Der Geruch von schwarzen Trüffeln erinnert an Pilze und auch ein wenig an Kakao und Moschus – hier im Trüffelshop Natura Tartufi in Buzet im Mirna-Tal.

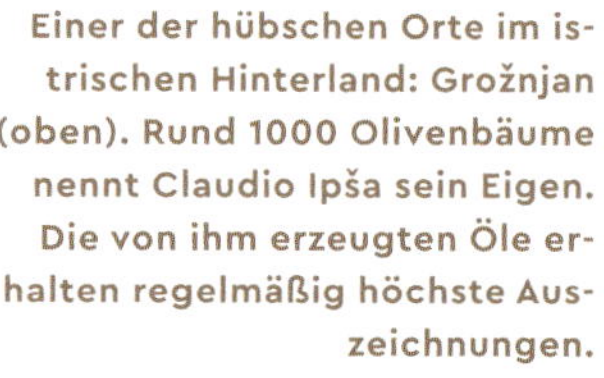

Einer der hübschen Orte im istrischen Hinterland: Grožnjan (oben). Rund 1000 Olivenbäume nennt Claudio Ipša sein Eigen. Die von ihm erzeugten Öle erhalten regelmäßig höchste Auszeichnungen.

Konoba Fakin in Motovun: Die Aussicht ist grandios, die Trüffelgerichte sind es auch …

Zu den kulinarischen Genüssen kommen musikalische, hier in Grožnjan.

Geformt wie ein Tropfen bildet die Halbinsel Istrien ein vielgestaltiges Bindeglied zwischen Festland und Meer. Vom gebirgigen »weißen« Istrien im Nordosten über die »grauen« Hügellandschaften Mittelistriens zu den »roten« fruchtbaren Böden des im Westen weitgehend flachen Küstenlands zeigt Istrien unterschiedlichste Landschaften, Gesichter und Farben. In diesem uralten Kulturraum siedelten Illyrer, Römer und Slawen, eroberten Karolinger, Venezianer und Habsburger die Städte, bestellten Kroaten, Slowenen und Italiener die Böden. Kein Wunder also, dass Orte, Namen und Traditionen von einem kulturellen Konglomerat des Adriaraums erzählen.

DER OLIVEN-PAPST

Claudio Ipša mit C (nach kroatischer Schreibung wäre er ein Klaudijo) ist stolz. Die Olivenbäume am steilen Hang unterhalb seines Hauses im Dörfchen Ipši liefern eines der besten Olivenöle der Welt – das bestätigen ihm jedes Jahr die Tester der Olivenölbibel Flos Olei, wo Ipša regelmäßig unter den besten Fünf landet. Keiner habe ihm geglaubt, so erzählt er, dass man in dieser Lage Oliven ziehen könne, wenngleich sein Großvater es doch vorgemacht hatte. Doch nach dem Zweiten Weltkrieg, als Kroatien und damit auch die Halbinsel Istrien Teil der Sozialistischen Föderativen Republik Jugoslawien war, blieben diese steilen terrassierten Hänge unbewirtschaftet. Genutzt wurde einfacher zugängliches Land. Kaum hatte Kroatien 1991 seine Unabhängigkeit erklärt, ging Claudio an die Arbeit. Sein erstes Olivenöl stammte von den »unbrauchbaren« Bäumen des Großvaters, besaß Bio-Qualität, und der aromatische Geschmack fiel sofort auf. Einzelkämpfer ist Ipša längst nicht mehr: Die Zahl ambitionierter Olivenbauern, Winzer, Pršut-Erzeuger, Käser und Muschelzüchter steigt von Jahr zu Jahr. Sie pressen feine Öle aus autochthonen Olivensorten wie der Istrska Belica, keltern Weine aus fast vergessenen Reben wie dem Refošk oder der Malvazija oder jagen weißen und schwarzen Trüffeln mit eigens dafür abgerichteten Hunden in den istrischen Wäldern nach. Alles in Weltklassequalität.

»DIE ZAHL AMBITIONIERTER OLIVENBAUERN, WINZER … UND MUSCHELZÜCHTER STEIGT VON JAHR ZU JAHR.«

GUMPEN, EICHEN, PILZE

In diesen Wäldern sind wir im Herbst auf dem Wanderweg der sieben Wasserfälle, der Staža 7 Slapova, von Buzet nach Kotli unterwegs. Die Mirna, die in den Sommermonaten kaum Wasser führt, hüpft fröhlich über Felsstufen und bildet dahinter kleine Gumpen, in denen Frösche mit lautem Gequake auf sich aufmerksam machen. Immer wieder hallt das Gebell von Hunden durch den magischen Auwald, in dem Stieleichen, Eschen und Ulmen ihre Kronen

Näher am Wasser geht nicht: Beach-Bar Amore in Novigrad.

Novigrad besitzt einen hübschen Yachthafen und eine kleine, aber feine Altstadt.

über duftenden Zyklamen und die Stämme umwindenden Waldreben ausbreiten. Trüffeljäger Ivan, dem wir mit seinen beiden herumwieselnden und -schnüffelnden Promenadenmischungen begegnen, hat bereits eine beachtliche Ernte in seiner Ledertasche. Jetzt im September ist es Tuber aestivium, der schwarze Trüffel. Ab Mitte Oktober wird Ivan den weitaus teureren weißen Trüffel, Tuber magnatum pico, »jagen«. Über Fuži, die charakteristischen istrischen Teigwaren gehobelt, lässt er Feinschmecker schwärmen!

WO DIE HEILIGEN DREI KÖNIGE REITEN

Ein Stück weiter, in Beram mit der berühmtesten Freskenkirche Sv. Marija na Škrilinah (hl. Maria im Fels, auch hl. Maria auf Steintafeln), sperrt uns die Nachbarin Sonja Šestan das Gotteshaus auf. Was Meister Vincenc aus Kastav im 15. Jh. hier auf die Wände pinselte, wirkt heute wie ein biblisches Wimmelbild. Sonja zeigt uns Caspar, Melchior und Balthasar, die an der Westwand durch istrisches Hügelland zum Besuch der Heiligen Familie reiten. Schräg gegenüber schwingt Gevatter Tod das knochige Tanzbein mit hübschen Adelsdamen und beleibten Kaufleuten. In vielen, äußerlich unscheinbaren, istrischen Dorfkirchen erzählen gotische Fresken vom Sündenfall, vom Leben der Heiligen und den Höllenqualen der Sünder, und das anschaulicher als manchen Betrachtern lieb ist. Da die meisten Gläubigen Analphabeten waren, sollten ihnen die Fresken eindringlich die verheißene Erlösung oder aber drohende Strafen vor Augen halten.

An der slowenisch-kroatischen Grenze

EU-NACHBARN IM ZICKENKRIEG

Als Kroatien und Slowenien noch Teil Jugoslawiens waren, spielten Grenzfragen keine Rolle. Kaum unabhängig aber kämpfen die beiden um jeden Meter Meer. Stein des Anstoßes ist die ach so idyllische Bucht von Piran: Hier streiten die beiden Nachbarn seit ihrer Unabhängigkeit 1991 um 3 km Meer. Es geht um den genauen Verlauf der Seegrenze und die Ansprüche Sloweniens und Kroatiens auf die besagte Bucht. Kroatien beansprucht die Bucht zur Hälfte, Slowenien besteht auf Dreiviertel und einem internationalen Korridor, durch den Schiffe Sloweniens einzigen und wirtschaftlich sehr bedeutenden Hafen Koper eine Bucht weiter nördlich anlaufen könnten. Eingeschaltet wurden EU-Schiedsgericht, -Kommission und -Gerichtshof. Mehrere europäische Schiedssprüche erkannten mal Kroatien, dann wieder Slowenien nicht an, den vorläufig jüngsten verfügte der EuGH 2020. Slowenien blockiert deshalb weiterhin Kroatiens Beitritt zum Schengen-Raum. Wird das jemals enden?

Restaurant Kavana Istra an Novigrads Hauptplatz (oben), der Strand Karpinjan hinter dem Yachthafen (unten).

Die frühchristliche Euphrasius-Basilika in Poreč gehört zum Weltkulturerbe. Berühmt ist sie vor allem wegen ihrer Mosaiken.

Moderne Kunst präsentiert die Galerie Zuccato im Gotischen Haus von Poreč.

Ein Sprung aus der Gotik in die Renaissance: In Svetvinčenat, einem dieser vielen, auf den ersten Blick grauen Landstädtchen, beherrscht eine mit Türmen und Zinnen bewehrte, wirklich imposante Burg den trapezförmigen Stadtplatz Placa und wir fragen uns: War dieser verschlafene Ort einmal so bedeutend, eines solchen Palastes würdig? Loggia, Kirche und Bürgerhäuser tragen die Symbole Venedigs und dessen Statthalter, der Familie Grimani-Morosini. Marino Grimani ließ Ende des 16. Jh.s das damals verfallene Kastell renovieren; die jüngste Erneuerung wurde erst 2020 vollendet. Seitdem dient die Burg einem »Escape Game« als Kulisse. Die zwei bis fünf Mitspieler müssen als Ritter sieben »Versuchungen« widerstehen, die ihnen in Burghof, Kerker, auf den Türmen und im Thronsaal begegnen. Es gibt langweiligere Arten, eine Renaissancefestung zu besichtigen.

»DAS MEER GLITZERT ÜBER DEM HELLEN FELSENGRUND IN EINEM GERADEZU UNVERSCHÄMTEN TÜRKISGRÜN.«

SO WEISS, SO GRÜN SIND MEINE KÜSTEN

Oft ist es nur ein Katzensprung vom Meer zu den verborgenen Schönheiten Istriens, und ebenso schnell sind wir auch wieder an der Küste, an einer der vielen Buchten mit Piniendach über Kies oder Fels. Liegematte und Badeschuhe haben wir immer dabei, der Bequemlichkeit zuliebe. Sand ist Mangelware, mit dem angenehmen Nebeneffekt, dass das Meer über dem hellen Felsengrund in einem geradezu unverschämten Türkisgrün glitzert. Einen Nachteil hat es allerdings auch: Seeigel lieben Fels und ungeschützte Füße. Viele meiden die Küste Kroatiens wegen dieser »Unbequemlichkeit«. Dabei gibt es heute kaum einen Strand, an dem nicht Leitern oder Stege Fels und Seeigel überbrückend ins sauberste Meer Südeuropas führen.

An dieser Klarheit, an den mit Schwämmen und Steinkorallen bewachsenen Felsabstürzen, an Unterwasserhöhlen, aus denen ein Oktopus oder eine

Wer sich vor Seeigeln fürchtet, sollte möglichst immer über Stege und Leitern ins Wasser gehen, wie hier auf den Felsterrassen des Valamar Isabella Island Resort.

Das Gotische Haus an Porečs Hauptgasse, der Dekumanska ulica (links), und die Euphrasius-Basilika (oben). Sie hat ihr ursprüngliches Aussehen aus dem 6. Jh. weitgehend bewahrt.

Vom Infinity Pool des Grand Park Hotel hat man einen einmaligen Blick auf das von der Barockkirche Sv. Eufemija überragte Rovinj.

Besser kann der Abend nicht beginnen als bei einem Sundowner in der Café Bar Valentino in Rovinj (rechts). Vorher oder hinterher bummelt man durch die Gasse Grisia mit ihren kleinen Läden und Galerien (ganz rechts).

Moräne hervorspitzt, und an großen Fischschwärmen haben auch Taucher ihre Freude. Rund um den Brijuni-Archipel, auf den Jugoslawiens Präsident Tito (1892–1980) einst nicht nur Politiker wie den deutschen Bundeskanzler Willy Brandt, sondern besonders gerne weibliche Filmprominenz von Sophia Loren bis Liz Taylor einlud, ist die unterseeische Landschaft mit ihren vielartigen Bewohnern sogar als Nationalpark geschützt.

Neben Flora und Fauna verbergen sich im Meer um Istrien übrigens mehr als 20 Schiffswracks. Das berühmteste, das österreichische Dampfschiff »Baron Gautsch«, fuhr zwischen Veli Lošinj und Triest 1914 nördlich des Brijuni-Archipels auf eine von der eigenen Marine verlegte Seemine. Das Schiff sank in nur zehn Minuten, 147 Menschen ertranken. Heute zählt das in 40 m Tiefe auf dem Meeresgrund liegende Wrack zu den beliebtesten Tauchzielen Istriens.

»IN ISTRIEN IST DIE ADRIA KEIN MEER DER GEGENSÄTZE, SONDERN DER VIELFALT.«

Uwe Rada

RÖMISCHE FUNDSTÜCKE

Rund 120 Jahre, bis 1918, dauerte die Herrschaft der K.u.k.-Doppelmonarchie über Istriens Küsten, und das heute so lässige Pula fungierte als dessen bedeutendster Kriegshafen. Eine Kette von Festungen und Forts auf Inselchen und Landzungen sicherte den Hafen im Ersten Weltkrieg, dazu ein Spinnennetz besagter, unheilvoller Minen. Heute sind von diesem Verteidigungsgürtel nur noch Ruinen übrig. Eine, Fort Punta Christo, dient als Location für internationale Techno-Festivals. Ebenso wie die vor knapp 2000 Jahren errichtete Arena, das drittgrößte Amphitheater der römischen Welt, in dem damals bis zu 26 000 Zuschauer Platz fanden und sogar Seeschlachten beiwohnen konnten. Heute treten darin Elektro-Veteranen wie »Kraftwerk« und internationale Popstars auf.

Häufig Veranstaltungsort für gut besuchte Konzerte: das Amphitheater in Pula.

Ziegenkäse in diversen Variationen: in der Markthalle am Stand von Kumparicka.

Pula ist längst über seine (nicht mehr existenten) Altstadtmauern hinausgewachsen und hat sich die ursprünglich weit außerhalb errichtete Arena einverleibt. Ihr mächtiges, drei Etagen hohes Oval ist weithin sichtbar, andere römische Spuren hingegen wollen gefunden werden: Ein unscheinbarer Toreingang und ein paar Stufen führen unweit des Forumsplatzes zum fantastisch erhaltenen Mosaik mit dem Motiv der »Bestrafung Dirkes«, das den Fußboden eines römischen Wohnhauses aus dem 3. Jh. schmückt. Ein paar Schritte weiter markiert der Sergierbogen, gestiftet von einer römischen Adelsfamilie, den einstigen Verlauf der römischen Stadtmauer. Daneben sitzt ein bronzener James Joyce vor seinem Kaffee, dort nämlich, wo er als noch unbekannter Dichter Englisch unterrichtete und mit dem Schicksal haderte: »Pola ist ein gottverlassener Fleck – ein maritimes Sibirien ... .« beklagte er sich 1904 in einem Brief. Das gilt heute nicht mehr!

IM PULSSCHLAG DES CORSO

Abends, nach einem Tag am Meer oder einer Tour durchs Hinterland pflegen wir gerne die mediterrane Tradition des Corso, hier korzo geschrieben, und schließen uns den Alten und Jungen, Familien und Pärchen beim Bummel durch den Ort an. Korzo ist nicht nur entspannend, sondern auch lehrreich: In Hafenstädten wie Poreč, Rovinj oder Pula promenieren wir an den Spuren verschiedenster Nationen vorbei: an römischen Bögen und Säulen, am Markuslöwen oder einem zierlichen Fenster in floraler, venezianischer Gotik, an k.u.k.-Klassizismen und Jugendstil – vorbildlich an Pulas Markthallen zu bewundern. Als hätten die Menschen in Jahrhunderten das Pflaster poliert, glänzt es wie Eis und kann ebenso rutschig sein, doch die jungen Mädchen in ihren rasierscharfen Stilettos scheinen mühelos darüber zu gleiten. Dann wird es Zeit für den Aperitif an einem dieser herrlichen Plätze: Romantisch auf Rovinjs Küstenfelsen im Café Bar Valentino, wo Loungemusik mit dem Rauschen der Wellen harmoniert. Oder unter Pulas Intellektuellen im Künstlercafé Cvajner, gegenüber dem angestrahlten, römischen Tempel. Eine kühle Brise vertreibt die Hitze des Tages, wir schmecken das Salz in der Luft. Im Glas perlt kühle Malvazija, auf dem Teller duften Muscheln aus dem Limfjord und wir fühlen uns wie Gott in Istrien.

Römische Hinterlassenschaften in Pula: der Sergierbogen in der Ulica Sergijevaca (ganz oben), der Augustustempel (links) und das Amphitheater (oben).

Interview mit Antonella Kozlović

DIE WEINKÖNIGIN

Das Winzerpaar Kozlović verwandelte ein traditionsreiches Familienunternehmen in einen topmodernen Winzerbetrieb mit preisgekrönten Weinen. Welchen Anteil hat Antonella Kozlović am Erfolg? »Kein König ohne Königin« antwortet Ehemann Gianfranco.

Weinbau und -vertrieb in Teamwork: das Ehepaar Kozlović in ihrem Weinkeller.

Gianfranco Kozlović führt das Weingut in der Nähe des nordistrischen Dorfes Momjan mit einem in vier Generationen ausgebildeten Gaumen und Erfahrung. Antonella, seit 1998 mit Gianfranco verheiratet, steuert ein Betriebswirtschaftsstudium und eine Ausbildung zur Sommelière bei. Gianfrancos Leidenschaft für die alten istrischen Sorten Malvazija und Teran hat dem Gut eine Reihe von Preisen und Anerkennungen eingebracht. Uns interessiert: Welche Rolle spielt Antonella? Und wie setzt sich eine Frau in diesem von Männern dominierten Business durch? Wir treffen die »Königin« auf der herrlichen Aussichtsterrasse mit Blick über die istrischen Hügel bis zum Meer.

Frau Kozlović, stammen auch Sie aus einer istrischen Winzerfamilie?
In Istrien besaß früher jede Familie traditionell zumindest einen kleinen Weingarten und kelterte Wein. Meine Familie auch.
War es von Anfang an Ihr Berufswunsch, auf einem Weingut zu arbeiten?
Wein ist Teil der istrischen Identität, jeder, der hier aufwächst, ist damit infiziert. Aber natürlich förderte die Liebe zu meinem Mann auch mein Interesse für Wein. Je besser ich ihn kannte, desto enger wurde auch meine Verbindung zum Wein. Für ihn gibt es nichts Wichtigeres. Sein Großvater hat ihm diese Begeisterung eingepflanzt.
Sie haben Betriebswirtschaft studiert und sich zur Sommelière ausbilden lassen. Planten Sie damals schon, das Weingut zu modernisieren?
In den 1990er Jahren setzten junge Winzer wie Matošević, Degrassi und mein Mann auf moderne Methoden, wie sie sie in Frankreich und Italien studiert hatten. Die Produktion sollte modernisiert werden, der istrische Malvazija sollte eine eigene Geschichte, ein eigenes Terroir bekommen. Meine Management-Ausbildung konnte ich da gut einbringen, denn auch Verkauf, Vertrieb und Werbung mussten neu strukturiert werden. Aber der erste Schritt galt dem Wein. Schon bald merkten wir, dass wir ausreichend Raum und andere Ausstattung benötigten, um moderne, elegante Weine zu keltern. 1999 bauten wir den 450 Quadratmeter großen alten Weinkeller zum modernsten Istriens um. 2012 folgte das Weingut mit eleganten Räumen für Verkostung und Verkauf.
Wann haben Gianfranco und Sie das Unternehmen von seinen Eltern übernommen?
Franco übernahm es 1995. Und bald darauf gewann unser 1997er Malvazija beim nationalen Wettbewerb Vinovita den Preis für den besten Weißwein Kroatiens.
Wie ist die Aufgabenaufteilung zwischen Ihnen und Ihrem Mann?

Von der Terrasse des Weinguts Kozlović hat man einen herrlichen Blick in die Weinberge.

Völlig unkompliziert! Franco konzentriert sich auf die Weinpflanzungen und den -keller. Ich bin zuständig für Verkauf, Produktplatzierung, Marketing und Gastbetreuung.
Sie haben die internationale Platzierung der Kozlović-Weine vorangetrieben und sind damit sehr erfolgreich. War es schwer, in der Weinszene anerkannt zu werden?
Tatsächlich ist dieses Geschäft nach wie vor Männerdomäne … mein Rezept für den Erfolg lautet, gut informiert sein, fair und hart verhandeln und alles mit Leidenschaft angehen.

Technisch und optisch auf neuestem Stand: der Weinkeller der Winzerfamilie Kozlović.

FAKTEN & INFORMATIONEN

ADRESSE & ÖFFNUNGSZEITEN
Weingut Kozlović
Vale 78, Momjan (nahe Buje)
Tel. 052 77 91 77, https://www.kozlovic.hr
Geöffnet: Mo.–Do. 11.00–16.00,
Fr., Sa. 11.00–19.00 Uhr

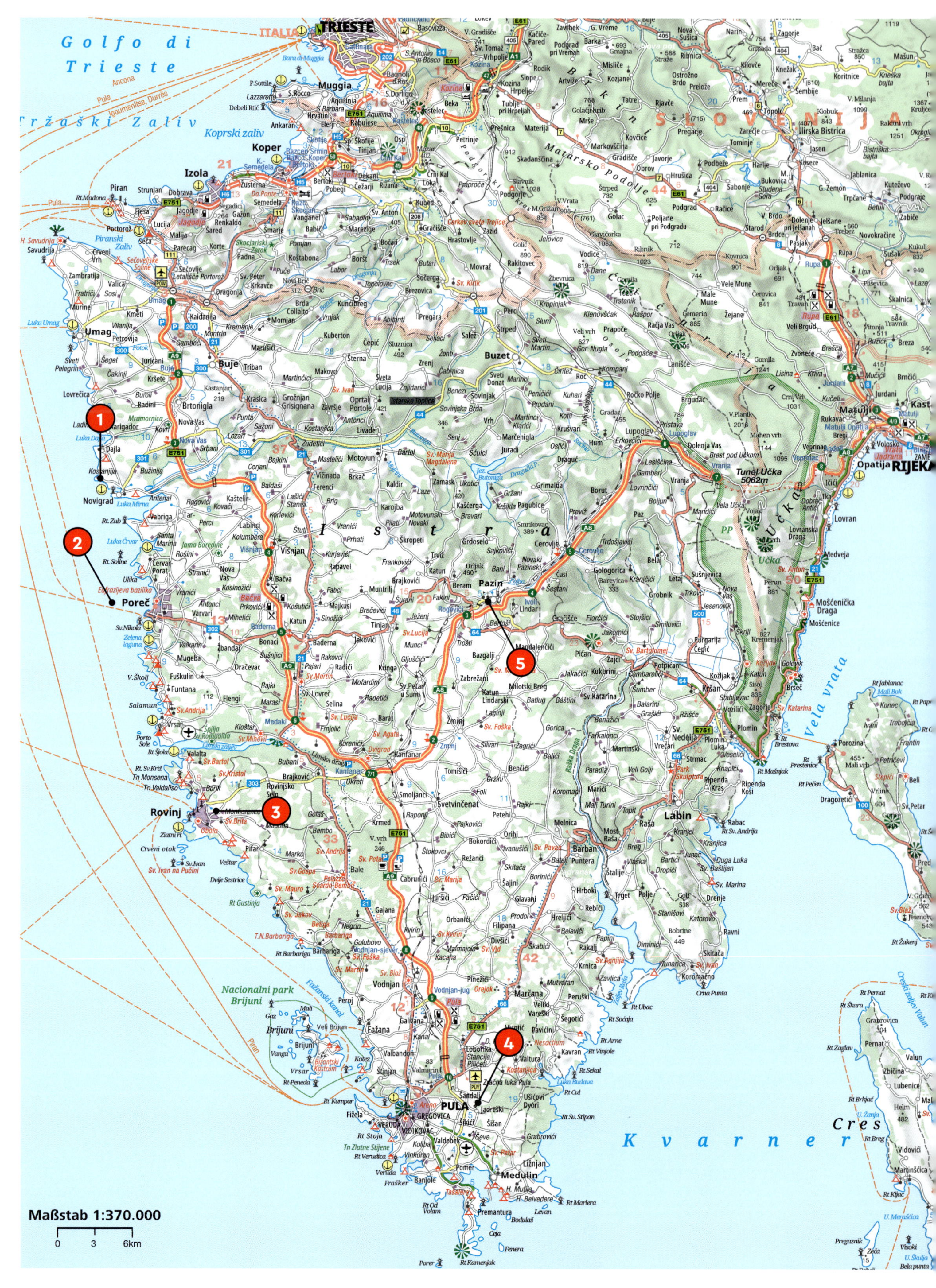

Golfo di Trieste
Tržaški Zaliv
Koprski zaliv
ITALIA
TRIESTE
Muggia
Koper
Izola
Piran
Portorož
SLOVENIJA
Umag
Buje
Novigrad
Poreč
Rovinj
Pazin
Buzet
Labin
Opatija
RIJEKA
Matulji
Lovran
Istra
Učka
Tunel Učka 5062m
Vodnjan
Nacionalni park Brijuni
Brijuni
PULA
Medulin
Kvarner
Cres
Vela vrata
Maßstab 1:370.000
0
3
6km
1
2
3
4
5

SPITZENWEINE, FEINSTE ÖLE UND EINE TRAUMKÜSTE …

… all das findet man auf der tropfenförmigen Halbinsel Istrien. Zu diesen Reizen steuern venezianische Hafenstädtchen italienisch-slawisch geprägte Kultur und mediterrane Lebensart bei. Ja, und selbst ein Weltkulturerbe fehlt nicht.

NOVIGRAD

Halbinsel, Stadtmauer, Campanile: Die istrische Dreieinigkeit prägt die Hafenstadt (4500 Ew.) auf ihrer Halbinsel. In den Restaurants rund um das Hafenbecken ist im Hochsommer kaum ein Platz zu ergattern. Wer richtig gut essen möchte, schlägt sich in die Altstadtgassen, wo Michelin würdig gekocht wird.

Motuvun liegt fast 300 m hoch über dem Tal der Mirna. Auf der Stadtmauer kann man das Städtchen umrunden.

SEHENSWERT

Ab dem 13. Jh. bis 1797 stand Novigrad (ital. Cittanova) unter venezianischer Herrschaft; die zinnenbewehrte Stadtmauer, die beiden runden Renaissancetürme, die Loggia und einige Stadtpaläste erinnern daran. Die Ursprünge der Kirche **Sv. Pelagij** führen ins 8. Jh. Die dreischiffige Krypta unter dem Chor bestätigt das hohe Alter des Gotteshauses. Aus ihr stammen zahlreiche mittelalterliche Steindenkmäler im modernen **Lapidarium** (Veliki trg 8A, Tel. 052 78 65 82, www.muzej-lapidarium.hr, Sept.–Juni, Mo.–Fr. 9.00–15.00, Juli, Aug. tgl. 10.00–13.00 und 19.00 bis 22.00 Uhr).

HOTEL

Das €€€€ **Rivalmare Boutique Hotel** (Rivarella 19, Tel. 052 55 56 00, www.rivalmare.hr) an der Uferpromenade besitzt moderne Zimmer mit Meerblick und einen hübschen Strandabschnitt.

RESTAURANTS

Für Feinschmecker führt kein Weg an €€€€ **Damir & Ornella** (Novigrad, Zidine 5, Tel. 052 75 81 34, Di.–So. 12.00–15.00, 18.30–22.00 Uhr) vorbei. Das Wirtspaar setzte bereits rohen Fisch auf die Speisekarte, als »Sushi« für die meisten noch ein Fremdwort war. Ländlich, rustikal und zugleich sehr raffiniert ist die Küche der €€€ **Konoba Buščina** im Hinterland von Umag (Umag, Buščina 18, Tel. 052 73 20 88, www.konoba-buscina.hr, Mi.–Mo.). Im €€€ **Pod Voltom** (Motovun, Trg J. Ressela 6, Tel. 052 68 19 23) genießen die Gäste den Blick zum Meer und aromatische Trüffelgerichte.

ERLEBEN

Eine knackige Herausforderung für MTB-Fahrer: Die **Parenzana** (www.parenzana.net) verläuft über Viadukte und durch Tunnel auf der Trasse einer ehemaligen Schmalspurbahn.

UMGEBUNG

Originelle Kunstgalerien und Boutiquen machen das Künstlerdorf **Grožnjan**, 22 km östlich, zu einem beliebten Ausflugsziel. Auch **Motovun**, 29 km nach Osten, thront verteidigungsbereit auf einem steilen Hügel. Zwei Stadttore sind zu passieren, dann lockt am höchsten Punkt die Piazza mit uralten Kastanien.

INFORMATION

TZ Novigrad
Mandrač ul. 29A, 52466 Novigrad
Tel. 052 75 70 75, www.coloursofistria.com

Das Valamar Isabella Island Resort bei Poreč besitzt einen Infinity-Pool.

Poreč: Speisen mit Blick auf elegante Yachten.

POREČ

Auch Porečs (16 700 Ew.) Altstadt breitet sich auf einer Halbinsel aus. Das Fundament legten die Römer, deren klassische Stadtanlage mit den schnurgeraden Hauptstraßen Cardo und Decumanus bis heute erhalten ist.

SEHENSWERT

Ab dem 6. Jh. gehörte das damalige Parentium zum oströmischen Reich. Die als UNESCO-Weltkulturerbe geadelte **Euphrasius-Basilika TOP-ZIEL** (Eufrazijeva 22, Winter Mo.–Fr. 9.00–16.00, Sa. bis 14.00, April–Juni, Sept., Okt. bis 18.00, Juli, Aug. bis 22.00 Uhr) mit ihren goldglänzenden Mosaiken ist Zeugnis dieser Epoche. Durch Öffnungen im Kirchenboden sind ältere christliche Fundamente sichtbar. Die **Dekumanska ulica**, ehemals der römische Decumanus, schmücken noch einige Paläste mit venezianisch-gotischem und barockem Dekor. Das Romanische Haus am Trg Marafor stammt sogar noch aus dem 13. Jh. Hier, wo sich das römische Forum befand, sind auch Mauerteile von Tempeln erhalten.

HOTELS

Die gute alte K.u.k.-Zeit beschwört das €€€ **Grand Hotel Palazzo** (Poreč, Obala Maršala Tita 24, Tel. 052 85 88 00, www.hotel-palazzo.hr) in Architektur und Dekor. Das €€€ **Valamar Isabella Island Resort** (Sveti Nikola, Tel. 0221 98 20 99 52, https://valamar.com) liegt auf einer kleinen Insel vor Poreč, die Überfahrt dauert fünf Minuten. Man hat die Wahl zwischen normalen Doppelzimmern, Luxussuiten und Villen.

RESTAURANTS
€€ Chili Fusion Streetfood (Ribarski trg 1, Tel. 099 213 29 20, auf Facebook) überzeugte selbst Gault & Millau mit Wraps, Rice Bowls und Sandwiches in hoher Qualität! Etwas eleganter speist es sich in der **€€€ Casa Manzolin Wine & Food** (Poreč, Eufrazijeva 16, Tel. 099 485 45 96, https://casamanzolin.com), dazu gibt's beste Weine.

ERLEBEN
Ein Muss ist der Besuch in Porečs angesagter Bar **Corner-Le Mat** (Otokara Keršovanija 2, auf Facebook), in der bekannte DJ's auflegen.

Von Medulin starten kleine Sportflugzeuge zu Rundflügen über den Brijuni-Archipel.

UMGEBUNG
In das unterirdische Reich der Tropfsteine entführt der Besuch der **Grotte Baredine** (Gedići 55, Nova Vas, https://baredine.com, April, Okt. 10.00–13.00, Mai, Juni, Sept. bis 17.00, Juli, Aug. bis 18.00 Uhr), 11 km nordöstlich.

INFORMATION
TZ Poreč, Zagrebačka ul. 9, 52440 Poreč
Tel. 052 45 12 93, www.myporec.com

3 ROVINJ

Rovinj (14 300 Ew.) liefert das perfekte Postkartenmotiv: Der tropfenförmige, mit dem Festland per Damm verbundene Inselhügel schmückt sich am höchsten Punkt mit Kirche und Campanile.

SEHENSWERT
Als Aussichtspunkt ist die im 18. Jh. ausgestattete **Kirche der hl. Euphemia** die reizvollste Attraktion. Vom Vorplatz, noch besser aber von der Aussichtsplattform des Campanile blickt man auf das grün-blaue Gesprenkel von Inseln und Meer und auf die hübsche **Altstadt TOP-ZIEL**. In der Hauptgasse **Grisia** reihen sich Läden und Galerien aneinander.

HOTEL
Romantisches Altstadtflair zeichnet die eleganten Zimmer und Suiten des **€€€€ Spirito Santo** (Augusta Ferrija 44, Tel. 099 435 43 33, https://hotel-spiritosanto.de) aus.

RESTAURANTS
Der beste Platz für ein Sundowner-Dinner ist das **€€€ Maestral** (Vladimira Nazora, Tel. 052 83 05 65) mit Tischen direkt am Wasser. Die **€€ Rio Snack Bar** (Aldo Rismondo 13, Tel. 052 81 35 64, auf facebook) serviert feine Fischgerichte und auch Vegetarisches.

EINKAUFEN
Wie mondän Rovinj ist, zeigen der **PR Concept Store** (Carera 57) und **7nit** (Carera 59) mit schicker Mode kroatischer Designer.

INFORMATION
TZ Rovinj, Trg na Mostu 2, 52210 Rovinj
Tel. 052 81 15 66, https://rovinj-tourismus.com

4 PULA

Die größte Stadt (57 500 Ew.) fungiert dank der Uljanik-Werft als industrieller Wirtschaftsfaktor im agrarisch geprägten Istrien. Die Mischung aus Historie und Alltag macht Pula besonders sympathisch.

SEHENSWERT
Das **Amphitheater** (Nov.–März 9.00–17.00, April, Okt. 8.00–20.00, Mai, Sept. bis 21.00, sonst bis 22.00 Uhr) am Rande der Altstadt wurde im 1. Jh. n. Chr. erbaut. Zum Meer hin erreicht es mit zwei Reihen Arkadenbögen und einem Obergeschoss eine Höhe von rund 32 m. Die Altstadt breitet sich in einem Bogen zwischen Kastellhügel und Meer aus. Vorbei am gotischen **Dom Mariä Himmelfahrt** mit frühchristlichen Mosaikresten aus dem 5./6. Jh. geht's zum römischen **Forum** mit dem **Augustustempel** (1. Jh., April–Sept. 9.00 bis 20.00 Uhr), dem Rathaus (13. Jh.) und dem beliebten Café Cvajner. Die ulica Segievaca führt gesäumt von Boutiquen und Restaurants zum **Sergierbogen** (27 v. Chr.), errichtet zu Ehren einer einflussreichen Familie. Daneben sitzt ein bronzener James Joyce an einem Café-Tisch. Der Schriftsteller unterrichtete 1904/05 an der Sprachenschule gegenüber. Sehenswert ist auch der **Markt**, ein Stück weiter geradeaus. Die damals zukunftsweisenden Hallen in Eisen-/Glas-Konstruktion wurden 1904 eröffnet.

HOTELS
Im **€€€ Amfiteatar** (Amfiteatarska 6, Tel. 052 37 56 00, www.amfiteatar.hr) übernachten die Gäste stilvoll gleich neben der Arena. Das **€€ Guest House City Center** (Sergijevaca 4, Tel. 099 440 55 75) entpuppt sich als bezaubernde Pension im Herzen der Stadt.

RESTAURANTS
Fischliebhaber kennen nur einen Weg: Ab in die **€€€ Konoba Batelina** (Čimulje 25, Banjole, Tel. 052 573767, So. geschl., nur Barzahlung), wo Vater (Fischer) und Sohn (Koch) delikate Genüsse kreieren. **€€€ Veritas** (Maksimijanova ul. 21–23, Tel. 097 656 36 57, auf facebook) heißt die hippe Adresse in der Altstadt – Essen (auch vegetarisch) wie Ambiente sind angesagt!

EINKAUFEN
Der **Markt** von Pula (Tržnica, Narodni trg 9, tgl. 7–13 Uhr) mit seinen Jugendstilhallen ist ein Erlebnis für sich. Am Stand von **Goat to go** gibt es feinste Ziegenkäsesandwiches!

ERLEBEN
Lighting Giants heißt die Installation, die abends die Kräne der Uljanik-Werft in buntes Licht taucht. Im Tunnelsystem der Zerostraße (Carrarina 1 u. 3, www.ppmi.hr) aus der K.u.k.-Ära finden regelmäßig **Musikevents** statt.

UMGEBUNG
Knapp 10 km nach Norden starten in **Fažana** die Boote auf die Insel Veli Brijun, Teil des Nationalparks **Brijuni-Archipel**. Jugoslawiens Langzeit-Staatschef Tito besaß auf dem Eiland, das bereits die Römer schätzten, eine Villa. Auch ein Golfplatz (18 Loch) und ein Zoo wurden angelegt, doch am schönsten ist es, die Insel per Rad zu entdecken und an stillen Buchten ins kristallklare Meer zu springen (www.np-brijuni.hr).
Wander- und Radwege führen über die Halbinsel **Kamenjak**, 15 km südlich. Endemische Orchideen, versteinerte Fußspuren von Dinosauriern und idyllische Felsbuchten sind die Höhepunkte dieses Naturschutzgebiets, und am südlichen Ende lockt die Safari Bar (Mala Kolombarica, auf facebook) mit Drinks zum Sonnenuntergang.
Hoch auf dem Berg thront **Labin** (45 km nordöstl.). Steile Gassen führen durch die malerische Altstadt. Unten an der Küste dreht sich im Nachbarort **Rabac** an der von Pinienwäldern eingerahmten Bucht alles um Sonne, Strand und Meer.

INFORMATION
TZG Pula, Forum 3, 52100 Pula
Tel. 052 21 91 97, www.pulainfo.hr

5 PAZIN

Unter Habsburger Herrschaft hieß Pazin (ca. 9000 Ew.) dank seiner zentralen Lage im Herzen der Halbinsel Mitterburg. Das heute so unscheinbar wirkende Städtchen diente jahrhunderte-

EIN BISSCHEN ROBINSON

Der Weg zu unserem istrischen Traumstrand führt von Labin 13 km nach Südosten bis Ravni. Im ersten, stärker besuchten Abschnitt ist es ein Kies-, dahinter ein Felsstrand, aber Leitern erleichtern den Einstieg. Es gibt einen Sonnenschirmverleih und eine kleine Bar. Die Insel Cres gegenüber scheint zum Greifen nah, das Meer glitzert wie Kristall, und voll wird es selten.

Die Burg Morosini-Grimani in Svetvinčenat erkundet man bei einem Escape Game.

lang als Verwaltungssitz. Heute tagt hier das Regionalparlament der Gespanschaft Istrien.

SEHENSWERT
Die im 15./16. Jh. auf mittelalterlichen Mauern errichtete **Burg Montecuccoli** (Trg Istarskog razvoda 1, Tel. 052 62 30 54, www.muzej-pazinh.hr, Di-So 10–18 Uhr) dient als historisches und Heimatmuseum. Sie thront auf einem Felsen oberhalb der Schlucht des Flusses Pazinščica, der zu Füßen der Burg in einem Schluckloch verschwindet und unterirdisch weiterfließt – 20 km südwestlich kommt er im **Limski kanal** wieder ans Tageslicht. Ein kurzer Lehrpfad führt vom Rand der Schlucht hinunter zum Talboden und zur Höhle, in der die Pazinščica untertaucht.

HOTEL UND RESTAURANT
Im **€€€ Boutique Hotel Vela Vrata** (Buzet, Šetalište Vladimira Gortana 7, Tel. 052 49 47 50, https://velavrata.net) wohnen die Gäste umgeben von k.u.k.-Prunk und genießen die feine Küche der hauseigenen Konoba.

EINKAUFEN
Trüffel natürlich, z.B. bei **Pietro & Pietro** (Natura Tartiufi, Buzet, Srnegla 21, www.pietroandpietro.com), deren modern gestylter Verkaufsraum alleine einen Besuch wert ist.

ERLEBEN
Die Foiba-Schlucht überspannt eine **Zipline** (Šime Kurelića 4, Tel. 091 543 77 18, auf facebook, Mai, Sept. 10.00–18.00, Sommer bis 19.00 Uhr).

UMGEBUNG
Am Friedhof von **Beram**, 7 km nordwestlich, ist ein Freskenwunder aus dem 15. Jh. zu bestaunen. Die Kirche Sv. Marija na Škriljinah ist innen mit naiv-bunten Bildern ausgemalt, die biblische Szenen und einen makabren Totentanz darstellen. **Buzet,** 30 km nördlich, gilt als Istriens Trüffelhauptstadt und besitzt zudem eine hübsche Altstadt. 8 km von Buzet nach Südosten verbindet eine 6 km lange **Allee der Glagoliter**, gesäumt von Skulpturen zum Thema, das mittelalterliche **Roč** mit dem Nachbarort **Hum**. Die altkroatische Kirchenschrift Glagolica erlebt heute als Symbol kroatischen Nationalbewusstseins eine Renaissance. Rund 15 km südl. lockt in **Svetvinčenat** eine Burg mit einem spannenden Escape Game (s. S. 30, https://www.grimanicastle.com, Sa., So. 10.00–16.00 Uhr), bei dem zwei bis fünf Mitspieler einem mysteriösen Geheimnis auf die Spur kommen müssen.

INFORMATION
TZ Pazin, ul. Velog Jože 1, 52000 Pazin
Tel. 052 622460, www.central-istria.com

WANDERND ZU WASSERFÄLLEN UND GUMPEN

Die Wälder des Mirna-Tals zählen zu den letzten mediterranen autochthonen Auwäldern Europas: Stieleichen, Eschen und Ulmen bilden ein dichtes Blätterdach, in dessen Schatten der Wanderweg der sieben Wasserfälle, der Staža 7 Slapova, verläuft.

Am südlichen Ortsrand von Buzet gestartet, folgt er der Mirna in ein schluchtartiges Tal, überquert den Fluss auf einer wackeligen Hängebrücke und passiert mehrere aufeinanderfolgende Wasserfälle, die allerdings nur im Frühjahr und Herbst imponieren, wenn die Mirna viel Wasser führt. Kleine Gumpen erfüllen Frösche mit lärmendem Gequake, Schmetterlinge tanzen im Sonnenlicht und es duftet aromatisch nach den ersten Steinpilzen der Saison. Im Herbst liefert das aufgeregte Gebell der Trüffelhunde die Hintergrundmusik.

Versprechen eine tolle Abkühlung – die Wasserbecken bei Kotli.

Einige gut abgesicherte Kletterpassagen sind zu bewältigen, dann ist nach etwa drei Stunden das ehemalige Mühlendorf Kotli mit seinen berühmten Mirna-Gumpen erreicht. Raus aus den verschwitzten Klamotten, rein in die natürlichen »Badewannen« und nach der Abkühlung auf eine deftige Mahlzeit in die Konoba Kotlić! Dann sind Sie auch wieder fit für den Rückweg, der in einem Bogen und entlang des Baches Pivka nach Buzet führt.

Start/Ziel: Der Wanderweg der sieben Wasserfälle, Staža 7 Slapova, beginnt und endet an der Favorit-Brauerei in Buzet (Istarska pivovarna, Sv. Ivan, Dol 6).

Länge: ca. 13 km, 5 Stunden, einige ausgesetzte, aber gesicherte Passagen.

Einkehr: € Konoba Kotlić, Kotli 3, nur im Sommer.

Kvarner Bucht

WALZERTAKT UND INSEL-IDYLLEN

Während sich die Küste der Kvarner Bucht im Habsburger Walzertakt wiegt, spiegelt sich in den Hafenstädten auf den Inseln die lange kroatisch-venezianische Geschichte. An Traumstränden herrscht weder hier noch da Mangel.

Die Altstadt der Inselmetropole Rab drängt sich auf einer schmalen Landzunge zusammen.

Cafés und Restaurants säumen den malerischen Hafen von Volosko (Opatija).

Promenieren im Aerosol war zur Blütezeit der Kvarner Riviera um die Wende vom 19. zum 20. Jh. ebenso angesagt wie heute Yoga oder Stand-Up-Paddling. Das Promenieren unternahmen die Damen und Herren der besseren Wiener und Budapester Gesellschaft übrigens nicht in der Sommerhitze, sondern in den Wintermonaten, wenn die Küste zwischen Lovran im Westen und Crikvenica im Südosten einen angenehm temperierten Kuraufenthalt versprach. Die Anlage von Meerespromenaden boomte – denn nur hier wirkte jenes besondere »Aerosol«, eine Kombination von mit Salz geschwängerter Luft und Kiefernaroma. Zwischen Lovran und Volosko, zwischen Rijeka (damals Fiume) und Pećine, von Veli nach Mali Lošinj oder rund um Lošinjs Čikat-Bucht raschelten Seidenröcke und zwirbelten sich die Schnauzer. Heute sind die Promenaden beliebte Jogging-Strecken.

AUF LUXUS GESETZT

Die ehemaligen Kurorte ziehen großen Profit aus dem historischen Erbe. Nicht nur, dass Lovran, Opatija, Crikvenica bei österreichischen Urlaubern besonders beliebt sind. Die »Riviera« lässt dank der vielen historischen Villen, die restauriert die Küste säumen, tatsächlich einen Hauch Nostalgie und Exklusivität aufkommen. Letztere verstärken auch die luxuriösen Hotels und von Gourmetbibeln prämier-

Auf köstliche Kreationen darf man sich im Restaurant Ganeum in Lovran freuen (beide Bilder oben).

Hier kann man herrlich promenieren (oder joggen): Küstenweg zwischen Volosko und Lovran (beide Abbildungen links).

Rijekas Korzo ist eine beliebte Bummelmeile. Blickfang ist der Uhrturm, den seit 1873 der Habsburger Doppeladler ziert.

Von der Burg Trsat hat man einen herrlichen Blick über Rijeka. Im Burghof finden im Sommer ab und an Veranstaltungen statt (rechts und unten rechts).

ten Restaurants, deren Fünf-Sterne-Flair (und die entsprechenden Preise) eine bestimmte Klientel anspricht. Die allerdings heute zum Baden kommt und deshalb im Sommer. Da die Felsküste – nur Medveja bei Lovran und Crikvenica besitzen nennenswerte Feinkiesstrände – zarten Füßchen nicht zuträglich ist, sind Strandbäder das Gebot der Stunde: Ganz einfache wie jenes von Medveja, beton-futuristische wie Opatijas 1970er-Jahre Bad Slatina oder aber Luxus-Locations wie das nach historischem Vorbild neu errichtete und mit Loungemobiliar, Bar, Kellnern und DJ-Beschallung werbende Angiolina re-sea dance, dessen rund 40 € Eintritt sich Einheimische eher nicht täglich leisten können. Theoretisch gibt es in Kroatien kein Recht auf Privatstrand, auch nicht für Hotels – praktisch schaffen es solche Badeanstalten durch den Zwang, Liegestühle oder eine Beach-Box zu mieten, Menschen mit schmalem Geldbeutel draußen zu halten.

»IN DIESEM FISCHERDORF AM KVARNER GOLF SCHLÄGT DAS HERZ DES MEERES.«

Gemeint ist Volosko. Einschätzung der Reisewebseite »Best European Destinations«.

Rijekas Markt besteht aus mehreren Jugendstilhallen, in denen Obst und Gemüse, aber auch Fisch und Fleisch verkauft werden.

EIN SCHÖNLING AUS BRONZE

Body, Körperspannung, Muskelaufbau, Haltung – einfach optimal! Auf Instagram hätte der griechische Jüngling Apoksiomenos jede Menge Follower. Bewunderer fand er wahrscheinlich auch in den besseren römischen Kreisen – warum sonst hätte ihn jemand bei einem griechischen Bildhauer in Auftrag gegeben und das Risiko in Kauf genommen, dass das perfekt geformte, bronzene Standbild auf dem langen Schiffsweg von Hellas ins, sagen wir mal römische Pula, beschädigt werden könnte? Genau das ist dann passiert, irgendwann im 1. Jh. n. Chr. Wahrscheinlich war das Schiff überladen, ein Sturm kam auf, die Mannschaft warf Ballast ins Meer, um sich zu retten. So landete der »kroatische Apoksiome-

Ein ganzes Museum für eine Bronzestatue in Mali Lošinj: 2000 Jahre lag die Figur des Apoksiomenos auf dem Grund des Meeres bei Lošinj – bei ihrer Bergung fehlten nur der Finger der linken Hand, die Augen und der Schaber, mit dem Apoksiomenos seinen Körper reinigt.

Unterwegs auf dem Wanderweg Tramuntana auf der Insel Cres (oben) und Bummel auf der Hafenpromenade von Mali Lošinj (rechts).

Vorbei an dem kleinen Ort Osor an der Südwestküste von Cres gelangt man nach Lošinj.

Hafen von Veli Lošinj mit der Pfarrkirche Sv. Antun Abbas.

DIE GEIER VON CRES

Wenn heute Geier über der Nordostküste von Cres kreisen, ist dies dem Zagreber Ornithologen Dr. Goran Sušić zu danken. Als der Visionär 1993 sein Geierprojekt startete, galt er als Spinner.

Nur noch in bestimmten Küstenabschnitten von Cres, Krk und auf den Inselchen Plavnik und Prvić leben Gänsegeier. Die Aasfresser, die bevorzugt in den steilen Küstenfelsen nisten, sind durch den wachsenden Tourismus bedroht. Häufig stürzen von Lärm erschreckte Jungvögel aus ihren Nestern. Sušić und seine Mitarbeiter retteten viele Geier, päppelten sie auf, um sie dann auszuwildern. Die Geierpopulation wuchs auf über 130 Paare an. Seit einigen Jahren setzt die kroatische NGO Priroda die Arbeit fort. Besucher dürfen einen Blick auf die mächtigen Vögel werfen. Und erfahren viel über Ökologie und Traditionen der Landschaft Tramuntana (Beli Visitor Centre, Cres, Beli 4, https://belivisitorcentre.eu, April–Sept. tgl. 10.00–18.00 bzw. 16.00, sonst nur Di.–Fr. bis 14.00 Uhr).

nos« in 45 m Tiefe auf dem Meeresgrund nicht weit von Lošinj. Er setzte Muscheln an und Kalk, wurde in knapp 2000 Jahren nahezu unkenntlich, dann passierte ein belgischer Taucher 1996 die Stelle, wunderte sich über die seltsame Formation und erkannte, was er da vor sich hatte: Die im antiken Griechenland beliebte Statue eines nackten, sich Schweiß und Schmutz abschabenden Sportlers. 25 Jahre danach fand der überlebensgroße, restaurierte Apoksiomenos einen würdigen Platz in Mali Lošinjs eigens dafür errichtetem und übrigens wirklich exzellentem Museum.

ZWEI UNGLEICHE SCHWESTERN

Was der Fund erzählt: Bereits Griechen und Römer waren im Archipel der Kvarner Inseln aktiv. Nicht nur als Seefahrer, sondern auch als Kolonisatoren. Osor, die Stadt am Übergang von Cres nach Lošinj, ist eine römische Gründung, ebenso die Inselhauptstädte von Krk und Rab. Wahrscheinlich waren es auch die Römer, die den Durchstich bei Osor anlegten und das ewig lange, ursprüngliche Cres in zwei Inseln verwandelten.

Dem üppig grünen Lošinj sieht man die Verwandtschaft mit seinem nördlichen Nachbareiland nicht an. Rücksichtslos abgeholzt wurden beide – von Römern für den Schiffsbau, von Venedig für die Lagunenpfähle, zuletzt vom Habsburger Reich. Letzteres sorgte allerdings dafür, dass die Insel etwas zurück erhielt, bzw. ein gewisser Herr Ambroz Haračić tat dies in Habsburgs Namen: Er pflanzte auf der Halbinsel Čikat in der zweiten Hälfte des

Natur pur erlebt man im Nordosten der Insel Rab, hier der Blick auf die Strandbucht Stolac Beach.

19. Jh.s 500 000 Schwarz- und Aleppokiefern, von denen immerhin 300 000 anwuchsen. Heute bilden sie einen mächtigen dunklen Wald um die idyllische Čikat-Bucht, aus dem die verspielten Giebel und Fassaden herrschaftlicher k.u.k.-Villen hervorspitzen.

Für weiteres Grün sorgten übrigens auch die Lošinjer Kapitäne, mit denen ihre heutigen Nachfahren wenig gemein haben. Die schippern Touristen zum Strandpicknick, während in der Blütezeit zwischen dem 16. und 18. Jh. Lošinjer brik, ein eigener Schiffstyp, den Atlantik überquerte. Dass dies erquickliche Einnahmen versprach, ist den ansehnlichen Kapitänshäusern und üppigen Gärten in Veli Lošinj anzusehen. Die Schößlinge von Dattelpalmen oder Libanon-Zedern sind weit gereist, bevor sie eine neue Heimat in Lošinjer Erde fanden. Auch die Pfarrkirche Sv. Antun Abbas erzählt mit ihrer reichen barocken Ausstattung vom durch die Seefahrt erworbenen Wohlstand.

DIE GEHEIMNISSE VON KRK

Cres begeistert mit Einsamkeit und herber Natur, Lošinj mit lieblichen Buchten und charmanten Städtchen. In Krk gehen wir auf die Suche nach Historischem. Bevor Venedig seine gierigen Finger nach den Kvarner Inseln ausstreckte, hinterließen Rom, Byzanz und das kroatische Königsgeschlecht der Frankopanen Burgen, Kirchen, Tempel. Vieles ist

Zweimal Krk: Der Blick auf Festung und Altstadt des Inselhauptortes und Konoba Nada in Vrbnik.

Ideales Revier für Surfer: die Bucht von Baška auf Krk.

heute von Macchia und Gestrüpp überwuchert – so die Stammburg der Frankopanen, Gradec, aus dem 12. Jh. im Wald unweit des Dorfes Risika. Oder das Kirchlein Sv. Marak, ebenso alt, auf einer Halbinsel oberhalb des gleichnamigen Strandes. Unterhalb des Ortes Omišalj und hinter Leitungen und Tanks einer Erdölraffinerie versteckt stoßen wir an der Küste auf Mirine, die Ruine einer frühchristlichen Basilika aus dem 5. Jh. Nicht weit entfernt, teils unter der Wasserlinie, verbergen sich die Fundamente des römischen Fulfinum. Angenehm an dieser Spurensuche ist: Fast immer ist ein Strand in der Nähe, und das Bad im Meer belohnt für das schweißtreibende Wandern über Stock und Stein.

WO DER BESTE WEISSWEIN WÄCHST

Ebenso wie ein Glas der feinen Vrbniška Žlahtina, des Weißweins, der zu Füßen des Felsenstädtchens Vrbnik in einem üppig-grünen Tal gedeiht. Leicht, mit dem Geschmack nach Kräutern und Apfel, ein bisschen spritzig, idealer Sommerwein! Winzer Katunar zieht seine Žlahtina Bjela-Trauben nicht nur hier, sondern auch in der Nähe des Badeortes Baška, unweit der Kirche Santa Lucija. Diesen nach der heiligen Lucija benannten Wein serviert der Chef der Gostionica Breg in Baška mit wissendem Lächeln – er kennt die Überraschung, die sich gleich auf den Gesichtern seiner Gäste abzeichnen wird. Sie schmecken Quitte, Pfirsich, Rosen; leichte Säure, starke

Der Lehrpfad Frux verbindet die beiden Orte Lopar und Supetarska Draga auf Rab. Er führt nahe am Teich Fruška Lokva vorbei.

Auch der westliche Teil der Insel Rab ist ein herrliches Wanderrevier.

Mineralität – Katunars Sv. Lucija ist ein außergewöhnlicher Wein von einem außergewöhnlichen Ort. Denn die Umgebung von Baška, eingerahmt von hohen Felshängen und dennoch immer wieder von den eisigen Stößen der Bura gebeutelt, wirkt wie eine Mondlandschaft.

Wie zerstörerisch dieser von Nordost über das Küstengebirge aufs Meer herabfallende Wind ist, wird nicht nur in Baška deutlich. Auch die Krk vorgelagerten Mini-Inseln bestehen aus nichts Anderem als aus Fels – und zwei davon, Goli Otok und Sv. Grgur, aus den Ruinen von Strafkolonien, in die Jugoslawiens Dauerpräsident Tito politische Gegner verbannte. Bootsausflüge zeigen das unerbittlich grausame Gesicht dieses Regimes. Ältere Menschen, die hier Verwandte verloren haben, aber auch junge, die Titos Herrschaft gar nicht mehr erlebten, sind zutiefst bewegt und erschüttert.

»KANTUNARS SV. LUCIJA IST EIN AUSSERGEWÖHNLICHER WEIN VON EINEM AUSSERGEWÖHNLICHEN ORT.«

EINE OASE HINTER DEM FELS

Gerade noch waren wir in peitschendem Wind auf grauen Fels zugefahren, nun schlug die Straße einen Bogen und wir fanden uns inmitten blühender, duftender Macchia wieder. Nach kurzer Fahrt begrüßte uns Rab mit seinen vier entlang der höchsten Altstadtstraße hintereinander errichteten Kirchen, deren Türme – romanisch, gotisch, barock – schon von weit her sichtbar sind. Zwischen den mittleren beiden Kirchen Sv. Justina und Sv. Andrija sorgt ein 1921 gepflanzter »Freiheitsbaum«, eine Steineiche, für Schatten auf dem Trg Slobode, dem Freiheitsplatz. Rab, das seit Ende des Ersten Weltkrieges unter italienischer Herrschaft stand, war endlich die Italiener losgeworden und dem Königreich Jugoslawien beigetreten. Die Italiener sind übrigens zurück, als friedliche Bootstouristen. Sie haben ja eigentlich keinen Mangel an eigenen Küsten. Aber mit der Magie der Insel-Wasserstraßen-Buchtenlandschaft der Kvarner Bucht können die sich nicht messen.

Bildlegende, mehrzeilig möglich; Als es die ersten Hügel des Kursivgebirges erklommen Heimatstadt Buchstabhausen

Kajaktour an Rabs Westküste (oben) mit Blick auf die Türme der Inselhauptstadt (ganz oben). Die Insel Pag ist für ihren Schafskäse berühmt, produziert wird er u.a. in der Käserei Gligora (links).

Kulturhauptstadt Rijeka

PHÖNIX AUS DER ASCHE

Fünf Jahre Planung, hohe Investitionen, große Hoffnungen. Rijeka wollte sich als Kulturhauptstadt Europas 2020 neu erfinden. Dann kam Corona, und man musste auf fast alle geplanten Projekte verzichten. Dennoch lohnt sich ein Besuch, sogar sehr!

Straßenszene in Rijeka nahe dem Korzo: Graffiti allerorten.

Als Rijeka 2016 den Zuschlag als Kulturhauptstadt Europas 2020 erhielt, waren wir gelinde gesagt erstaunt. Was sollte diese von einer unsagbar hässlichen 1960er-Jahre-Hochhaus-Peripherie gezeichnete Hafen- und Industriestadt in einem Bewerb beitragen, in dem sich strahlende Metropolen wie Florenz oder Lissabon präsentierten? Wir hatten Rijeka bislang nur als Zwischenstopp auf dem Weg zu den dalmatinischen Inseln wahrgenommen.

HAFEN DER VIELFALT

Nun wird das Aschenputtel also Kulturhauptstadt. Im Sommer 2019 beschlossen wir, uns Rijeka anzusehen. Nela Simić, die Pressebeauftragte des Organisationskomitees, führte uns, hatte aber wenig zu zeigen. Im »Hafen der Vielfalt«, so das Motto des europäischen Jahres, war noch kaum etwas fertig. Nela zeigte uns das »Benčić-Fabrikareal« aus dem 18. Jh., das sich in einen Multi-Museen- und Kulturkomplex verwandeln sollte. Immerhin, ein Flügel war fertig und begehbar: das Museum Zeitgenössischer Kunst. Im Falle der Staatsyacht des jugoslawischen Partisanenführers und Dauerpräsidenten Josip Broz Tito sahen die Dinge noch kritischer aus. Die »Galeb« lag als rostender Seelenverkäufer im Hafen. Aber anderes begeisterte uns. Nela führte uns zu den Graffiti, die im Vorfeld des Kulturhauptstadtjahres entstanden waren. »Nitpicking« des Kroaten Lonac beispielsweise, und zu den »Art is Trash«-Installationen des Spaniers Francisco de Pájaro (z.B. am Titov trg).

Ausgangspunkt für all diese Aktionen war das oben erwähnte Museum Zeitgenössischer Kunst, das schon vor der Kulturhauptstadt-Kür Rijekas marode Industriebauten bespielt und damit nicht unerheblich zum Erfolg der Bewerbung beigetragen hatte. Denn gern gesehen war diese in Kroatien nicht. Die national-konservative HDZ- Regierung in Zagreb favorisierte das UNESCO-Weltkulturerbe Dubrovnik, eine Stadt wie ein Museum.

Schon bei der Bewerbung als »Europäische Kulturhauptstadt« spielte das Museum Zeitgenössischer Kunst eine wichtige Rolle.

»DEM … ZIEL, DIE STADT IN EINEN SZENE-HOTSPOT ZU VERWANDELN, IST RIJEKA … EINEN GROSSEN SCHRITT NÄHERGEKOMMEN.«

»Nitpicking« heißt dieses Graffito des Kroaten Lonac. Das fotorealistische Mural thematisiert Rijekas lange Schiffsbautradition.

Mit dem »roten« Rijeka – traditionell wird hier sozialdemokratisch gewählt – wollten die Politiker*innen in der Hauptstadt nichts zu tun haben.

Trotz ihres Widerstands hat Rijeka gewonnen. Neben den spektakulären Plänen waren viele kleine Events geplant, mit Musik und Theater auf den Straßen, mit Kinderaktionen, einem überschäumenden Karneval, mit Street Art und, und und .. Dann kam der März 2020. Und Corona.

Im Frühjahr 21 sind wir erneut in Rijeka unterwegs, diesmal mit Tin Žulić, dem Chef der neuen Rijeker Kult-Bar »Grad«. Dort, wo das Kulturjahr viel bewegen sollte, ist die Stimmung schlecht: Die »Galeb«: immer noch Rostlaube. Die spektakuläre Ausstellung »Unbekannter Klimt«: Eröffnung verschoben. Die wenigsten Events hatten stattgefunden, internationale Künstler wie Besucher waren ausgeblieben.

DIE STADT IST BUNTER

Ein Projekt aber war erfolgreich, erläutert Žulić, und er hat davon profitiert: Die Stadt ist durch »Rijeka murala« viel bunter geworden, das Nachtleben quirliger. Street Artists aus Kroatien und den Nachbarländern haben in Farbtöpfe und zu Spraydosen gegriffen und Fassaden verschönert, entlang der Vodovodna und der Križanićeva ulica beispielsweise und im Hafengebiet Delta. Und neue Kneipen und Clubs öffneten ihre Türen. Dem langfristigen Ziel, die Stadt in einen Szene-Hotspot zu verwandeln, ist Rijeka dank Kulturhauptstadtjahr und trotz Corona einen großen Schritt nähergekommen. Wir sind sehr gespannt, was uns bei unserem nächsten Besuch im »Hafen der Vielfalt« erwartet.

INFORMATION

STREETART

Die spektakulärsten Street-Art-Arbeiten stellt die Website https://rijeka.streetartcities.com vor.

MUSEUM ZEITGENÖSSISCHER KUNST

Krešimirova 26 C, Rijeka
www.mmsu.hr
Di.–Fr. 12.00–19.00, Sa., So. 12.00–17.00 Uhr

Als Symbol von Rijekas industriellem Erbe sollte die Abschussanlage des ab den 1870er-Jahren in Rijeka erfundenen Torpedos restauriert werden – daraus wurde nichts.

Dem Ziel ein Szene-Hotspot zu werden, ist Rijeka durch das Kulturhauptstadtjahr ein wenig näher gekommen. Das merkt man auch im netten Café-Restaurant auf der Burg.

Rijeka kann mit einem hübschen Stadtzentrum aufwarten, hier die zur Fußgängerzone erklärte Trg Ivana Koblera.

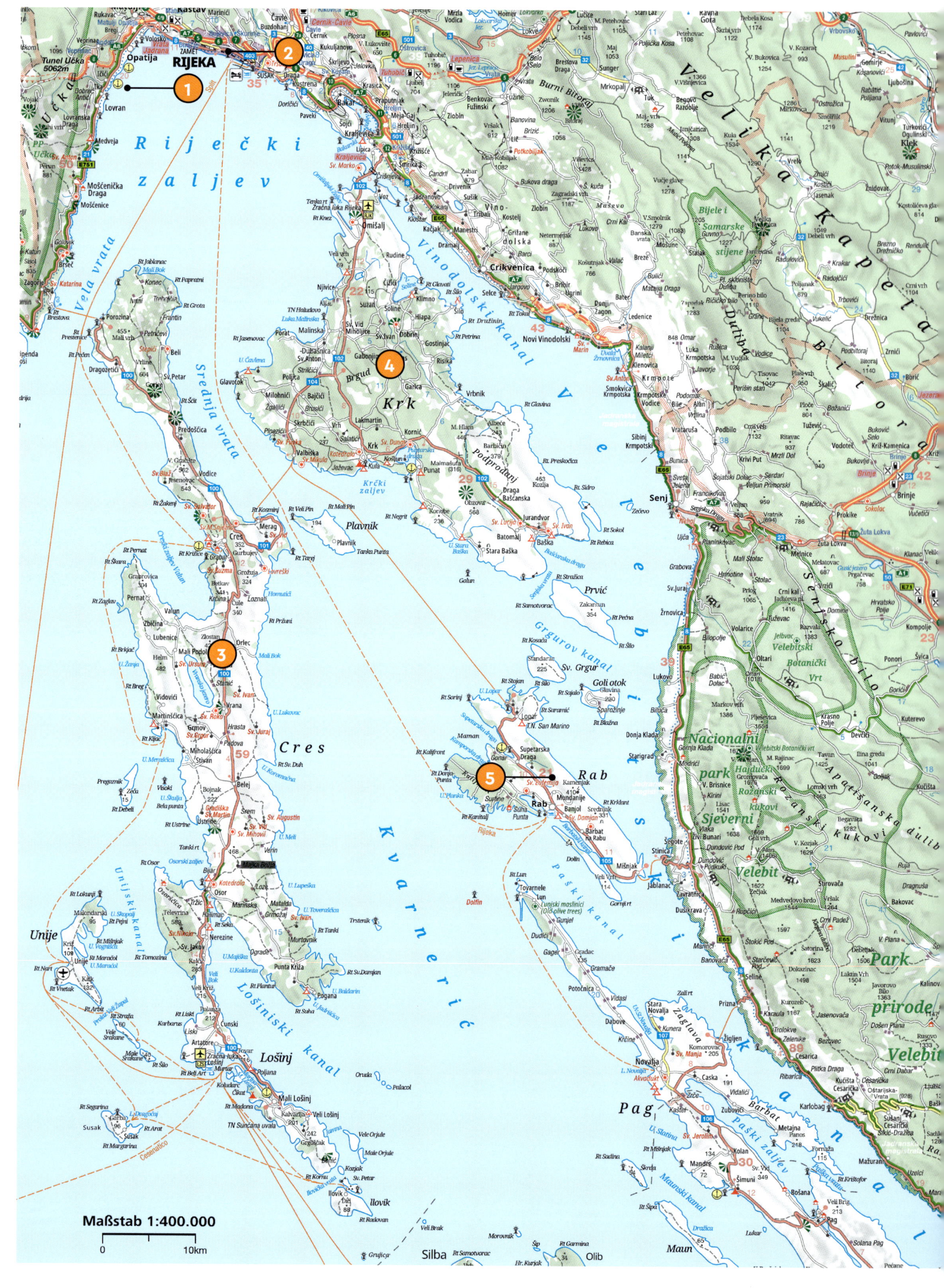

RIJEKA
Opatija
Lovran
Učka
Tunel Učka 5062m
Riječki zaljev
Vela vrata
Srednja vrata
Vinodolski kanal
Velika Kapela
Bitoraj
Crikvenica
Novi Vinodolski
Senj
Krk
Punat
Baška
Omišalj
Malinska
Vrbnik
Krčki zaljev
Plavnik
Prvić
Cres
Lošinj
Mali Lošinj
Veli Lošinj
Osor
Unije
Susak
Ilovik
Lošinjski kanal
Unijski kanal
Kvarnerić
Rab
Lopar
Sv. Grgur
Goli otok
Grgurov kanal
Velebitski kanal
Paški kanal
Pag
Novalja
Paški zaljev
Maunski kanal
Silba
Olib
Maun
Nacionalni park Sjeverni Velebit
Park prirode Velebit
Velebitski Botanički Vrt
Senjsko bilo
Rožanski kukovi
Jablanac
Karlobag
Maßstab 1:400.000
0
10km

UNTERWEGS AM QUARNERO-BUSEN

Die Kvarner Bucht zwischen der Ostküste der Halbinsel Istrien und dem kroatischen Festland vereint vielfältigste Landschaftsformen. Vor dieser klimatisch begünstigten Kvarner Riviera reihen sich die Kvarner Inseln auf: Cres, Lošinj, östlich der beiden Krk und ganz im Süden Rab und Pag.

KVARNER KÜSTE

Kaum hatten Wiener Adel und Prominenz Ende des 19. Jh.s das milde Klima am Quarnero-Busen entdeckt, schossen Villen und Hotels aus dem Boden, eine direkte Zugverbindung zwischen Wien und Opatija verkürzte die Anreise.

Bar Boonker: Beliebter Treffpunkt an der Hafenmole von Rijeka.

SEHENSWERT

Auch um **Lovran** (ca. 4000 Ew.) mit seinem kleinen Hafen und der hinter Mauern geduckten, hübschen Altstadt entstanden Hotels und Villen. Besonders zur Geltung kommen die Prunkbauten in Jugendstil, Neo-Renaissance und Art Deco entlang der **Franz-Joseph-Promenade**, die an der Küste von Lovran 12 km an den Hafenorten Ika und Ičići vorbei nach Opatija und weiter bis Volosko führt.

Der Luftkurort **Opatija** (ca. 12 000 Ew., früher Abbazia) ist eines der beliebtesten Seebäder im nördlichen Kroatien. Nach wie vor bildet die 1845 errichtete Villa Angiolina mit ihrem Park den Mittelpunkt – sie gehörte bis 1875 der Rijeker Kaufmannsfamilie Scarpa, die hier mondäne Feste feierte, und danach der Wiener Südbahngesellschaft. Darin residiert ein Tourismusmuseum (www.hrmt.hr, Nov.–März Di.–So. 10.00 bis 16.00, April–Juni, Okt. 10.00–18.00, Juli–Sept. 9.00–13.00, 18.00–21.00 Uhr). Mit seinen Magnolien, Japanischen Kamelien oder Libanon-Zedern begeistert ihr Park noch heute. An seiner Südseite steht eine moderne Kopie der historischen Badeanstalt, Angiolina Beach (Zert 8, www.angiolinaopatija.com). Vom Namensgeber Abbazias (abbazia = ital. Kloster) ist nur noch die Kirche Sv. Jakov (15. Jh.) ein Stück nach Westen erhalten. Opatija ist nahtlos mit dem nördlichen Nachbarort **Volosko** zusammengewachsen. Heute ist das ehemalige Fischerdorf berühmt für seine Feinschmeckerrestaurants am Hafen.

Senj: eine hübsche, vom Tourismus nur wenig berührte Altstadt um die romanische Kathedrale Maria Himmelfahrt (Milana Ogrizovića 2) und die 1558 oberhalb der Stadt auf einem Hügel erbaute Festung Nehaj (Nehajeva bb, http://www.muzej-senj.hr, tgl. April/Mai, Sept./Okt. 10.00 bis 18.00, Juni 10.00–19.00, Juli./Aug. 10.00–21.00 Uhr) in klassischer Renaissance-Wehrarchitektur sind Senjs Hauptattraktionen.

HOTELS

Sympathisch empfängt die historische **€€€ Villa Vera** (Lovran, Šetalište maršala Tita 5, Tel. 051 29 41 20, www.hotel-villavera.hr), denn sie verzichtet auf angeberischen Luxus und setzt auf persönliche Betreuung. Zur **€€€ Villa Ariston** (Opatija, Maršala Tita 179, Tel. 051 271379, https://villa-ariston.hr) gehören ein gepflegter Garten direkt am Meer und ein gutes Restaurant. Das Design-Hotel **€€€€ Navis** (Opatija, Ivana Matetića Ronjgova 10, Tel. 051 44 46 00, https://hotel-navis.hr) schwebt in grandioser Lage.

RESTAURANTS

Die **€€€ Ganeum Food & Wine bar** (Lovran, Stari grad 5, Tel. 051 29 44 44, auf facebook) überrascht mit einer intimen Terrasse und kreativer Küche. Urig und bei den Einheimischen beliebt sind die geradlinigen Rezepte des **€€ Valle Losca** (Volosko, Andrije Štangera 2, Tel. 095 580 37 57, www.vallelosca.com).

Vom Pool der Villa Ariston in Opatija schweift der Blick weit über das Meer.

Malerisch breiten sich die Häuser von Volosko/Opatija an der Kvarner Bucht aus.

INFORMATION

Opatija Tourist Board
Maršala Tita 146, 51410 Opatija, Tel. 051 27 13 10
https://www.visitopatija.com

RIJEKA

Die geschäftige Hafenstadt (ca. 130 000 Ew.) besitzt in ihrem Zentrum noch zahlreiche Gebäude aus der Habsburger Ära. Im Jahr 2020 war Rijeka Europäische Kulturhauptstadt. Viele Projekte mussten zwar im Hinblick Corona gecancelt werden (s. S. 54 ff.), doch ist die Stadt seitdem bunter und attraktiver geworden.

SEHENSWERT

Ansehnliche Neorenaissancebauten in der Altstadt sind das **Theater Ivan Zajc** (Verdijeva 1, https://hnk-zajc.hr) und der Gouverneurspalast, in dem heute das **Marine- und Historische Museum** residiert (Trg Riccarda Zanelle 1, Tel. 051 213578, https://ppmhp.hr, Mo. 9.00–16.00, Di. bis Sa. bis 20.00, So. bis 13.00 Uhr). Unbedingt einen Besuch wert sind die **Jugendstilmarkthallen**

(Demetrova 3, Mo.–Sa. 7.00–14.00, So. bis 12.00 Uhr), in denen Händler den in der Adria gefangenen Fisch auf Eis ausbreiten. Im Rahmen des europäischen Kulturhauptstadtjahres verwandelten sich verfallene Industriebauten in innovative Museen wie das **Museum für Moderne und Zeitgenössische Kunst** (Krešimirova ul. 26c, Tel. 051 492611, https://mmsu.hr, Di.–Fr. 12.00–19.00, Sa., So. bis 17.00 Uhr). Die **Festung Trsat** oberhalb Rijekas besitzt römische Wurzeln. Heute ist sie ein beliebter Aussichtspunkt und Eventlocation für DJ-Partys. **Unsere Liebe Frau von Trsat** wird seit dem 13. Jh. verehrt; die heutige Wallfahrtskirche präsentiert sich üppig barock.

HOTEL UND RESTAURANT

Das Integrated Hotel **€€-€€€ Molo Longo** (Trpimirova 1a, Tel. 091 600 66 46, https://mololongo.com) vermittelt und betreut Unterkünfte von Privatvermietern. In der **€€€ Konoba na Kantunu** (Wenzelova 4, Tel. 051 313271, auf facebook) sitzen Fischer neben Bankangestellten und chinesischen Touristen – allen schmeckt's.

NACHTLEBEN

Jüngster Star an Rijekas Nachthimmel ist die **Kavana Grad** (Riva Boduli 7B, Tel. 051 565586, auf facebook), deren Burger, Bowls und Cocktails am Wochenende bis 2 Uhr morgens schmecken.

INFORMATION

TIC, Korzo 14, 51000 Rijeka
Tel. 051 33 58 82, https://visitrijeka.hr

Wanderung durch den Dundo-Wald auf der Halbinsel Kalifront (Rab).

3 CRES

Mit 405 km² und knapp 3200 Ew. ist Cres die größte und am dünnsten besiedelte Insel der Kvarner Bucht.

SEHENSWERT

Nicht weit vom Fähranleger Porozina mäandert ein schmales, steiles Sträßchen an die Nordostküste zu den herrlichen Kiesbuchten unterhalb des Örtchens **Beli**. Der fast vollständig von Stadtmauer und Türmen geschützte Inselhauptort **Cres-Stadt** an der Westküste bezaubert mit ruhiger Atmosphäre um den Hafen Mandrač, der eleganten Renaissancekirche Sv. Marija Velika und einem romanischen Kleinod, der Kirche Sv. Sidar. Eine Bucht weiter nach Süden lockt **Valun** mit Stränden und Fischrestaurants. Hoch über der Bucht thront **Lubenice**, ein winziges, aus der Zeit gefallenes Dörfchen. Der steile 400 m unterhalb des Ortes gelegene Strand Sv. Ivan zählt zu den schönsten des Kvarner. Vorbei an Badeorten wie **Martinšćica** erreicht die Straße **Osor** ganz im Süden. Die Geschichte des museal wirkenden Ortes reicht ins 2. Jh. v. Chr. zurück. Stadtmauer, Piazza, Loggia, Dom und zahlreiche Kapellen erinnern an die Blütezeit.

Pag-Stadt auf der gleichnamigen Insel ist ein verträumtes Städtchen mit hübschem Hafen.

HOTELS

Bio-Küche und Pflege der regionalen Traditionen sind Anspruch der sympathischen **€€ Pansion Tramontana** (Cres, Beli 2, Tel. 099 216 50 11, www.beli-tramontana.com) mit schlichten, gemütlichen Gästezimmern. Wie Kaiserin Sisi logieren die Gäste im **€€€€ Boutique-Hotel Alhambra** (Mali Lošinj, Čikat 16, Tel. 051 26 07 00, www.losinj-hotels.com) an der idyllischen Čikat-Bucht von Lošinj.

RESTAURANTS

Cres ist berühmt für seine Lammgerichte, und die schmecken aus dem Brotofen der **€€€ Konoba Bukaleta** (Loznati 9a, Tel. 051 57 16 06) unnachahmlich gut! Bei **€€€ Al buon gusto** (Cres-Stadt, Sv. Sidar, Tel. 051 49 87 12) passen traditionelles Ambiente und althergebrachte Rezepte bestens zusammen. In Veli Lošinj bzw. in der Rovenska-Bucht gibt der Italiener Sasso mit seiner **€€€ Bora Bar** (Rovenska 3, tel. 051 86 75 44, www.borabar.net) seit Jahren den Platzhirsch. Gute Küche, schöner Blick.

ERLEBEN

Idyllische **Wanderwege** führen auf Cres von dem mittelalterlichen Dorf Beli aus durch die herbe Landschaft der Tramuntana mit ihren Wäldern aus Flaumeichen, Hainbuchen und Esskastanien (Führungen: Dunja Sladić, Cres, fun & more, Tel. 095 862 74 05, auf facebook).
Die Besteigung des mit 588 m höchsten Gipfels der Kvarner Inseln, Televrina auf Lošinj, lässt sich zu einer reizvollen, rund 12 km langen Rundtour (Start in Osor, Ziel Nerezine, Dauer ca. 4,5 Std.) kombinieren.

UMGEBUNG

Ein Durchstich trennt Cres von der Nachbarinsel **Lošinj** (ca. 7800 Ew.). Ihr üppig grünes Kleid verdankt die Insel den Bestrebungen eines Habsburger Botanikers, der das Eiland mit Pinien aufforstete. Als heilklimatische Kurorte machten Mali Lošinj und Veli Lošinj sowie die angrenzende Halbinsel Čikat um die Wende zum 20. Jh. Karriere. Historische Villen prägen die beiden Städtchen noch heute. Das Muzej Apoksiomena (Mali Lošinj, Riva lošinjskih kapetana 13, Tel. 051 73 42 60, www.muzejapoksiomena.hr, Di.–So. 9.00–17.00 Uhr) präsentiert die 2000 Jahre alte Bronzestatue eines griechischen Sportlers, die nahezu unversehrt 1996 vor Lošinj aus dem Meer geborgen wurde.

INFORMATION

TZ Cres, Peškera 1, 51557 Cres
Tel. 051 57 13 35, http://www.tzg-cres.hr

4 KRK

Eine 1,3 km lange Brücke verbindet Krk (18 000 Ew.) mit dem Festland. Die Insel lockt mit schönen Stränden, Camping und FKK.

EINFACH VERFÜHREN LASSEN

... und nicht darüber nachdenken, wieviel Kalorien wohl in dem legendären Kaokakao-Kuchen stecken, den Anja Zulić mit charmantem Lächeln serviert: dunkles Schoko-Biskuit, Schoko-Mousse, Crème brulée aus Milchschokolade und eine knusprige Waffel, da kommt einiges zusammen. Aber es gibt auch Leichtgewichte und sogar Veganes. Anjas Konditorei in Volosko ist Kult!

Kaokakao
Andrije Štangera 44, Volosko
Tel. 051 70 12 17, Di.–So. 8.00–21.00 Uhr

SEHENSWERT
Wahrzeichen von **Krk-Stadt** sind die Türme der Kathedrale und der mit ihr verbundenen Kirche Sv. Kvirin, beide mit Wurzeln im 15./16. Jh. Im Souterrain der Bar Volsonis am Hauptplatz sind römische Fundamente erhalten. Eine große Marina bietet die nahe **Bucht von Punat**, auf deren **Klosterinsel Košljun** Mönche schon seit dem 12. Jh. in Abgeschiedenheit leben. **Baška** im Südosten besitzt herrliche Kiesstrände und eine hübsche winzige Altstadt. In der nahen Kirche Sv. Lucija in **Jurandvor** wird die Kopie einer Platte mit glagolitischen Inschriften (11. Jh.) bewahrt.

HOTEL UND RESTAURANTS
Im bezaubernden **€€€ Boutique-Hotel Placa** (Krk-Stadt, Ribarska 5, Tel. 051 58 74 29, www.hotel-placa.com) wohnen die Gäste am Puls der Inselhauptstadt. Bei **€€ Viktor & Koko** (Krk-Stadt, Antuna Mahnića 17, Tel. 091 539 64 74) kehrt man auf ein Glas Wein und leckere Vorspeisen ein. Die kleine Terrasse über dem Meer ist der große Pluspunkt der **€€€ Gostionica Bag** (Krk, Baška, Kralja Zvonimira 74, Tel. 098 75 51 40). Dazu gesellt sich gute Fischküche.

INFORMATION
TZ Krk, Vela Placa 1, 51500 Krk
Tel. 051 22 14 14, https://www.tz-krk.hr

5 RAB

Die Insel Rab (9300 Ew.) dominiert der Gebirgszug des Kamenjak, dessen felsige Flanke dem Festland zugewandt ist.

SEHENSWERT
Rab-Stadt auf seiner schmalen Halbinsel wird von vier entlang der höchsten Gasse erbauten Kirchen gekrönt. Unten vor dem Hauptplatz Municipium Arba schaukeln die Masten der Segelschiffe im Wind. Eine besondere mediterrane Vegetation, der Dundo-Wald, bedeckt die Halbinsel **Kalifront** nördlich der Inselmetropole; **Lopar** im Nordwesten ist berühmt für seine Sandbuchten.

HOTEL UND RESTAURANTS
Der Blick vom Hotel **€€€€ Arbiana** (Rab-Stadt, Petra Krešimira 12, Tel. 051 77 59 00, https://arbianahotel.com) über Altstadt und Hafen ist herrlich, die Lage trotzdem ruhig. Eine fantastische Adresse ist auf Pag das Hotel-Restaurant **€€€€ Boškinac** (s. S. 115). Ob im Michelin-Stern gekrönten **€€€€** Esstempel oder im einfacheren **€€€** Restaurant – hier schwingen wahre Meister die Kochlöffel!

UMGEBUNG
Genaugenommen gehört nur die Nordhälfte der kargen Insel **Pag** zur Kvarner Bucht. Das von der Renaissance geprägte, elegante Pag-Stadt und der schrille Party-Badeort **Novalja** bilden ein eigenwilliges Gegensatzpaar. Auf der Halbinsel **Lun** wachsen mehrhundertjährige, bizarr verkrümmte Olivenbäume. Die unter ihnen weidenden Schafe und schöne Felsbuchten sorgen für eine herrliche Szenerie.

INFORMATION
TZ Rab, Trg Municipium Arba 8, 51280 Rab
Tel. 051/72 40 64, https://www.rab-visit.com

MIT DEM KAJAK AN RABS OSTKÜSTE

Von Wind und Wasser glatt geschliffener Fels – was soll an Rabs Ostküste TOPZIEL Besonderes sein? Jogi, unser Guide von Sea Kayak Croatia wird es uns zeigen.

In Lopar haben wir morgens die Kajaks – Ein- und Zweisitzer – übernommen, Schwimmwesten angelegt und Spritzplanen gespannt. Es kann losgehen. Gemächlich paddeln wir nach Süden, Jogi hinterher. Aus der Nähe entpuppt sich der Küstenfels als ein vielgestaltiges Universum aus Karren, Höhlen und Steilwänden; wir paddeln durch ein Labyrinth, verlieren das Gefühl für die Zeit. An der Höhle Medova Buža, legen wir unseren ersten Halt ein. Wer sich traut, folgt Jogi durch einen schmalen Durchgang in die Dunkelheit. Dort, wo die Sonne hineinscheint, glitzert das Wasser in einem fantastischen Türkis.

Nach gut drei Stunden ist es Zeit für eine Badepause. Am Kieselstrand Ilo am Kap Njivice kommen Robinson-Gefühle auf. Hinter uns steiler Fels, vor uns die Adria. Das kroatische Festland scheint meilenweit weg. Und wie bestellt schwimmt eine Delfinschule vorbei. Vier Tiere, als gäbe es keine Menschen auf der Welt. Für den Rückweg nimmt Jogi die Diretissima und so sind wir bald schon zurück in Lopar. Mit unvergesslichen Eindrücken und ein paar bunten Kieseln im Gepäck.

Man kann auch mehrere Tage mit dem Kajak unterwegs sein. Übernachtet wird dann in einfachen Zelten am Strand.

Kajaktouren um Rab von einigen Stunden bis sechs Tagen veranstaltet **Sea Kayak Croatia**, Tel. 099 282 86 28, http://seakayak.hr, die beschriebene Tour (4–6 Std.) kostet 50 €/Person.

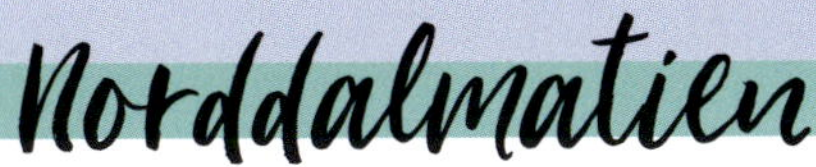

Norddalmatien

*

HIMMLISCHE TRÄNEN UND MEERESSEUFZER

*

Rund um die lebhafte Hafenstadt Zadar geizt die Natur nicht mit Superlativen, mit wie von Riesen errichteten Klippen-Mauern und Inseln, die als vom Himmel gefallene Sternschnuppen das Meer sprenkeln.

Dugi Otok: Der Naturpark Telašćica im Süden der Insel beeindruckt mit steil abfallenden Felswänden wie dem Kliff Grpašćak.

Das unbewohnte Levrnaka ist eine der 89 Inseln, die zum Archipel der Kornaten gehören.

Einen schönen Eindruck von den Kornaten bekommt man bei einer Minikreuzfahrt, hier mit der »MS Carpe Diem«. Unterwegs lohnt auf jeden Fall ein Stopp an der Konoba Levrnaka (ganz rechts).

Im Mai 1929 unternahmen der irische Dramatiker George Bernard Shaw und seine Gattin eine Stippvisite in das damalige Königreich Jugoslawien, bei der sie u.a. Split und Dubrovnik besuchten und den Archipel der Kornaten passierten. Shaw gab in diesem Zusammenhang eine Pressekonferenz, bei der es eigentlich um seine Haltung gegenüber Diktaturen, vor allem gegenüber Mussolini-Italien ging. Aber er fügte auch einige lobende Worte über die Schönheiten des Landes hinzu. Was von diesem Auftritt blieb, ist ein Zitat, dessen Werbewirksamkeit sich Kroatiens Tourismuspromoter gerne bis heute bedienen: »The gods wanted to set a crown upon their work, so on the last day, out of tears, stars and the breath of the sea, they created the Kornati.« Ob Shaw das jemals gesagt hat, wissen nur die angerufenen Götter!

»AUS HIMMLISCHEN TRÄNEN UND DEN SEUFZERN DES MEERES SCHUFEN SIE DIE KORNATEN.«

Angeblich: George Bernhard Shaw (1929)

VOM ZAUBER DER KORNATEN

Dass dieses Zitat so verbreitet ist, hat allerdings seinen Grund. Kaum ein anderer Vergleich könnte den Archipel zwischen Zadar und Šibenik besser beschreiben. 89 Eilande und Klippen auf einer Fläche von 217 km² verdichten sich zu Europas größter und zugleich fremdartigster Inselgruppe. Zwischen den kargen Felshöckern und sich länglich windenden Landstreifen voller knorriger Olivenbäume mit dem Boot unterwegs zu sein, gleicht Alices Herumirren im Wunderland. Schroffe Felswände öffnen sich zu lieblichen Buchten mit ein oder zwei winzigen Steinhäusern. Hinter der nächsten Landzunge ankern Segelyachten vor einer schicken Konoba. Eine einsame Kapelle grüßt von einer Anhöhe, auf dem Eiland gegenüber knabbern Schafe an Macchiakräutern und alles ist überzogen von den grauen Linien der Trockensteinmauern, die sich auf 32 km summieren. Jede Insel ist anders. Man sieht es dem

»NICHTS … IST SO WEICH UND NACHGIEBIG WIE DAS WASSER. UND DOCH BEZWINGT ES DAS HARTE UND STARKE.«

Laotse

Der Nationalpark Plitvicer Seen schützt 16 Seen, die über Wasserfälle miteinander verbunden sind.

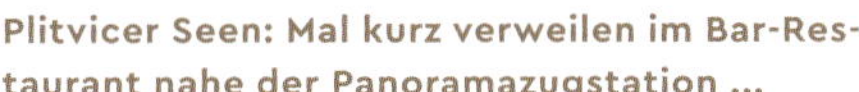

Plitvicer Seen: Mal kurz verweilen im Bar-Restaurant nahe der Panoramazugstation ...

... und dann weiter auf bequemen Pfaden entlang der Seen mit ihrem türkisgrünen Wasser.

DORADO FÜR FREECLIMBER

Wie Marionetten hängen die Kletterer in ihren bunten Klamotten im grauen Fels der Paklenica. Man sieht es ihnen an: Sie haben großen Spaß.

Zwei Schluchten bilden den Kern des Paklenica-Nationalparks im Küstengebirge Velebit bei Starigrad: Durchflossen werden sie von den Wildbächen Mala (kleine) und Velika (große) Paklenica. Die teils senkrecht in die Höhe strebenden Kalksteinfelsen lockten bereits in den 1930er-Jahren Kletterer an, seit den 1970er-Jahren erlebte Paklenica einen wahren Boom, in dem viele der heute knapp 500 Kletterrouten – von einfach bis sehr schwierig – entstanden. Höhepunkt im Kletterjahr ist das Climber-Meeting Anfang Mai. Aber auch Wanderer finden schön angelegte Wege, z.B. zur Tropfsteinhöhle Manita peč. Die uralten Buchenwälder der Paklenica zählen übrigens seit 2017 zum UNESCO-Weltnaturerbe (Nationalpark Paklenica, Dr. F. Tuđmana 14a, Starigrad-Paklenica, Tel. 023 36 91 55, www.np-paklenica.hr).

fast nur von Booten bevölkerten Archipel nicht an, dass hier Menschen leben und wirtschaften. 620 Grundbesitzer sind eingetragen. Schafzucht und Olivenbäume bilden die ökonomische Grundlage, und natürlich die Vermietung der teils luxuriös umgebauten Steinhäuser, in denen früher die Bauern oder Fischer wohnten, wenn sie auf den Eilanden zu tun hatten. Wie ungewöhnlich diese Landschaft tatsächlich ist, erschließt sich aus der Luft. Im 3D-Vogelflug auf der Website des Nationalparks kann man über Inseln und Kliffen dahinschweben. Spätestens dann müssen wir zugeben: Shaw oder wer auch immer ihm dieses Zitat in den Mund legte, hatte recht.

WENN DIE SONNE UNTERGEHT

Ein Stück nach Norden staffeln sich die Inseln lang und schmal in geraden Reihen vor Zadar, als lägen sie ordentlich vor Anker. Alfred Hitchcock bescheinigte der Stadt bei seinem Besuch 1964 nicht zuletzt dank dieser Kulisse den schönsten Sonnenuntergang, den er je gesehen hat. Die Sonne gleitet zum tramonto, wie die italienaffinen Dalmatiner sagen, hinter die dunkle Hügelsilhouette der Insel Ugljan und lässt den Himmel in einem nicht enden wollenden Farbenspektakel brennen. Was Hitchcock nicht erlebte: In diesem Augenblick blitzen die solarbetriebenen und durch Druck oder Berührung aktivierten Glasplättchen des Pozdrav suncu, des Grußes an die Sonne, an der Donja Riva auf und beginnen ihr Wechselspiel mit dem erlöschenden Licht des Tagesgestirns. Sobald es ganz dunkel ist, werden die Kids darauf rappen und der Installation von Nikola

Hübsche Gassen durchziehen die Altstadt von Zadar.

Die byzantinische Rundkirche Sv. Donat gilt als Wahrzeichen von Zadar (oben). Mittelpunkt des städtischen Lebens ist Narodni Trg (rechts).

Den Tönen des Meeres lauschen – nirgends geht das besser als an Zadars Meeresorgel.

Die der hl. Anastasia geweihte Kathedrale wurde im 12./13. Jahrhundert errichet.

Bulić immer neue Farben- und Lichtgirlanden entlocken. Disco zum Nulltarif sozusagen.

ZWISCHEN ANTIKE UND MODERNISMO

Zadar ist eine Stadt mit vielen Gesichtern, dem sehr traditionellen UNESCO-Welterbe seiner Altstadt und den von der Architektur des jugoslawischen Sozialismus geprägten Neustadtvierteln mit ihren etwas lieblosen Wohnblocks. Es ist eine uralte Stadt mit illyrischen Wurzeln und einem außergewöhnlich reichen, frühchristlichen Erbe und zugleich eine jungdynamische Metropole mit der größten Universität Kroatiens. Und es ist eine schwer geschlagene Stadt, die im Zweiten Weltkrieg 72 Bombenangriffe erlitt und im Balkankrieg zu Beginn der 1990er-Jahre von serbischer Artillerie beschossen wurde. Die stark beschädigte Altstadt sollte nach Plänen kroatischer Architekten komplett abgerissen werden. Das ist zum Glück nicht passiert.

CITYBUMMEL DURCH DIE JAHRHUNDERTE

Unseren Bummel beginnen wir an der Foša, jenem Durchstich, der das festländische Zadar zum Teil von der Altstadt-Halbinsel trennt und über den seit Jahrhunderten die barkajoli Passagiere im Ruderboot übersetzen. Durch das Landtor – Teil der von der UNESCO ausgezeichneten, venezianischen Verteidigungsanlage – steuern wir auf den Narodni trg zu. Hier ist Zeit für einen Espresso, umgeben von Renaissance, Barock und Modernismo, während sich die ebenfalls vertretene Romanik, das Kirchlein Sv. Lovre, hinter einem der vielen Cafés versteckt. Südlich breitet sich, von schmalen Gassen, Restaurants, Boutiquen durchzogen, Zadars Ausgehviertel Varoš aus, westlich geht's über die Kalelarga zum eigenwilligen Zylinder der St.-Donatus-Kirche, die in ihrer Strenge und Schlichtheit wie ein heidnisches Heiligtum wirkt. Man denkt an karolingische Kirchenbauten oder byzantinische Basiliken. Im 9. Jh. war die mediterrane Welt zwischen diesen beiden Blöcken geteilt, nachdem sie die völkerwandernden Slawen ordentlich aufgerüttelt hatten. Diese nun, erst kürzlich christianisiert und damit auch gleich latinisiert, schmückten die Rotunde mit Flechtbandornamenten und archaischen Heiligenreliefs, die im archäologischen Museum gegenüber ihre fremdartige Schönheit entfalten.

> »ZADAR HAT DEN SCHÖNSTEN SONNENUNTERGANG DER WELT, SCHÖNER ALS DER IN KEY WEST, FLORIDA … .«
>
> Alfred Hitchcock, 1964

DAS MEER BESTIMMT DIE MELODIE

Manchmal hören wir schon hier, wie die Adria die Orgel bespielt. Über flache Stufen senkt sich die Riva an der Spitze der Halbinsel zum Meer, das in darunter verborgene Röhren schwappt. Letztere münden in Orgelpfeifen verschiedener Tonhöhen. Immer

Ein weiteres Highlight an Zadars Meerespromenade: der »Gruß an die Sonne«, ein Photovoltaik-Glasdeck, erzeugt nach Sonnenuntergang bunte Lichteffekte.

wenn Wellen eindringen und sich das Meer wieder zurückzieht, werden Töne erzeugt. Meist klingt es leise seufzend, wenn ein Schiff vorbeifährt dunkel und voll, wenn der Wind die Wellen hineintreibt laut, wuchtig. Geschaffen hat diese Meeresorgel der Architekt und Steinmetz Nikola Basić 2005. Hätte es sie schon gegeben, als Alfred Hitchcock Zadar besuchte, so hätte er den Sonnenuntergang sicher noch schöner gefunden.

ANS ENDE VON DUGI OTOK

So wie der Besuch bei Meeresorgel und Sonnengruß gehört für uns die Tour nach Dugi Otok zum Pflichtprogramm im nördlichen Dalmatien. Obwohl die 44 km lange, aber nur 1–5 km breite Insel dank ihrer Nähe zu Zadar eigentlich völlig überlaufen sein müsste, gilt sie immer noch als Geheimtipp für Individualisten. Die Zadarer Sonnenhungrigen bevorzugen die schneller erreichbaren Eilande Ugljan und

»WER DIE HAND INS MEER TAUCHT, IST MIT DER GANZEN WELT IN VERBINDUNG.«

Joachim Wittstock in »Die dalmatinische Schönheitskönigin«, 1997

Pašman. Viele besitzen dort kleine Ferienhäuser, die sie lustigerweise vikend nennen. Solche »vikends« gibt's auch auf Dugi Otok, aber nicht viele. Dafür: türkisgrünes Meer, einen uralten Leuchtturm, ein paar kleine Hafenorte und den Naturpark Telašćica, in dessen Buchten sich in der Hochsaison ziemlich viele Bootsfahrer drängen. Da sie unter sich bleiben, ist auf der restlichen Insel kaum etwas los. Wenn wir also am nördlichen Fährhafen Božava startend im 55 km südlicheren Sali ankommen – übrigens eine reizvolle, mittelschwere Radtour – dann besuchen wir auch den Naturpark und dort das berühmte Felsenkliff Grpašćak, das die Kroaten »stene« – Wände – nennen. Stufen führen die 161 Höhenmeter hinauf zur Felsenkrone, wo uns jedes Mal das Gefühl überkommt, wir stehen am Ende der Welt. Tief unter uns und bis zum Horizont Meer, darin die grauen Inseltupfer der Kornaten, Möwen tanzen mit dem Wind. Unbeschreiblich schön.

Die Auswahl an Restaurants in Zadars Altstadt ist groß (ganz links). Auch auf Dugi Otok erlebt man einen herrlichen Sonnenuntergang (links).

Nationalpark Plitvicer Seen

DER 17. SEE

Der Nationalpark Plitvicer Seen zählt zweifelsohne zu den größten Naturschönheiten Kroatiens, das erkannte 1979 auch die UNESCO an und verlieh ihm den Weltnaturerbe-Status. Doch das grüne Paradies ist bedroht!

Die Plitvicer Seen gelten als eine der schönsten Naturlandschaften Europas. So ist es mehr als gerechtfertigt, dass der Nationalpark unter dem Schutz der UNESCO steht.

Ein beliebtes Besichtigungsziel: die Plitvicer Seen.

Plötzlich war da 2017 ein neuer See im Nationalpark Plitvicer Seen. Allerdings lag er ein Stück entfernt von den 16 wie Perlen an einer Kette übereinander angeordneten und durch Kaskaden miteinander verbundenen Wasseraugen, deren türkisblauer Magie sich kaum jemand entziehen kann. See Nummer 17 hätte weder ästhetisch noch olfaktorisch mit den anderen konkurrieren können, war er doch mit Abwässern gefüllt. Er zeigte sich übrigens nicht lange, sondern versickerte bald im Karstgestein.

WENN DIE NATUR DÄMME BAUT

Die UNESCO hatte die Seenlandschaft u.a. wegen ihrer ungewöhnlichen Tuffsteinbarrieren zum Weltnaturerbe erklärt. Das mit Kalziumkarbonat gesättigte Wasser der Karstflüsse Bjela Rijeka und Crna Rijeka sowie zahlreicher Bäche lagert Tuffstein an Hindernissen ab und baut so immer höher wachsende »Dämme«, über die sich das Wasser in Kaskaden ergießt. Die so gebildeten 16 Seen stellen nur einen kleinen Ausschnitt der geschützten Natur dar: In den dichten Wäldern, die 80% der Fläche bedecken, leben Bären, Luchse, Wölfe und Wildschweine. 350 Schmetterlings-, 42 Libellen- und 21 Fledermausarten sind verzeichnet. Zu den Besonderheiten der Flora zählen Schönheiten wie der Gelbe Frauenschuh oder der Amethyst-Blaustern. Kamen zur Jahrtausendwende um die 200 000 Besucher im Jahr zu diesem einzigartigen Naturschauspiel waren es im Vorcoronajahr 2019 ca. 1,7 Millionen. In den Monaten Juli und August drängten sich an manchen Tagen mehr als 10 000 Menschen auf den schmalen Wegen und Stegen, die an den Seen, Wasserfällen und Tuffbarrieren entlangführen.

DIE WASSERDIEBE

Im Gefolge des Massenansturms ergriffen die Bewohner der umliegenden Dörfer (und so mancher nicht-einheimische Investor) ihre Chance und errichteten mit Segen der Kommune Pensionen, Ferienapartments, Campingplätze. Woher und wohin das Wasser für diese touristischen Einrichtungen stammen und entsorgt werden sollte – danach fragte niemand. Es wurde den Flüssen entnommen, verwendet und danach ungeklärt in den nächsten Wasserlauf abgeleitet. Oder in eine Doline, eine karsttypische Senke, und fertig war ein »neuer See«. Das Problem war 2017 schnell erkannt: Anwohner, WWF, Regierung, Nationalparkverwaltung und UNESCO schlugen Alarm.

HOFFNUNGEN FÜR PLITVICE

Die Corona-Epidemie bremste den Plitvice-Boom etwas aus und verschaffte der Natur Zeit. Die auf der Homepage des Nationalparks veröffentlichten Werte signalisieren wieder eine hohe Wasserqualität, und auch die (erwischten) Abwassersünder wurden bestraft. Was können Besucher beitragen? Plitvice nicht in den Sommermonaten besuchen. Nicht in einer der Unterkünfte in unmittelbarer Umgebung übernachten. Auf den Wegen bleiben!

FAKTEN & INFORMATIONEN

PLITVICE-NATIONALPARK

Plitvička Jezera, Tel. 053 75 10 15
Nov.–März tgl. 8.00–15.00, April, Mai, Okt. bis 18.00, Juni–Sept. bis 20.00 Uhr

UNTERKUNFT

In den Nationalparkhotels €€ **Jezero** (das ganze Jahr geöffnet), €€ **Grabovac** oder €€€ **Plitvice** (beide im Winter geschlossen) sowie dem € **Camp Korana** ist sichergestellt, dass mit Wasser im Sinne des Nationalparkgedankens umgegangen wird.

https://np-plitvicka-jezera.hr

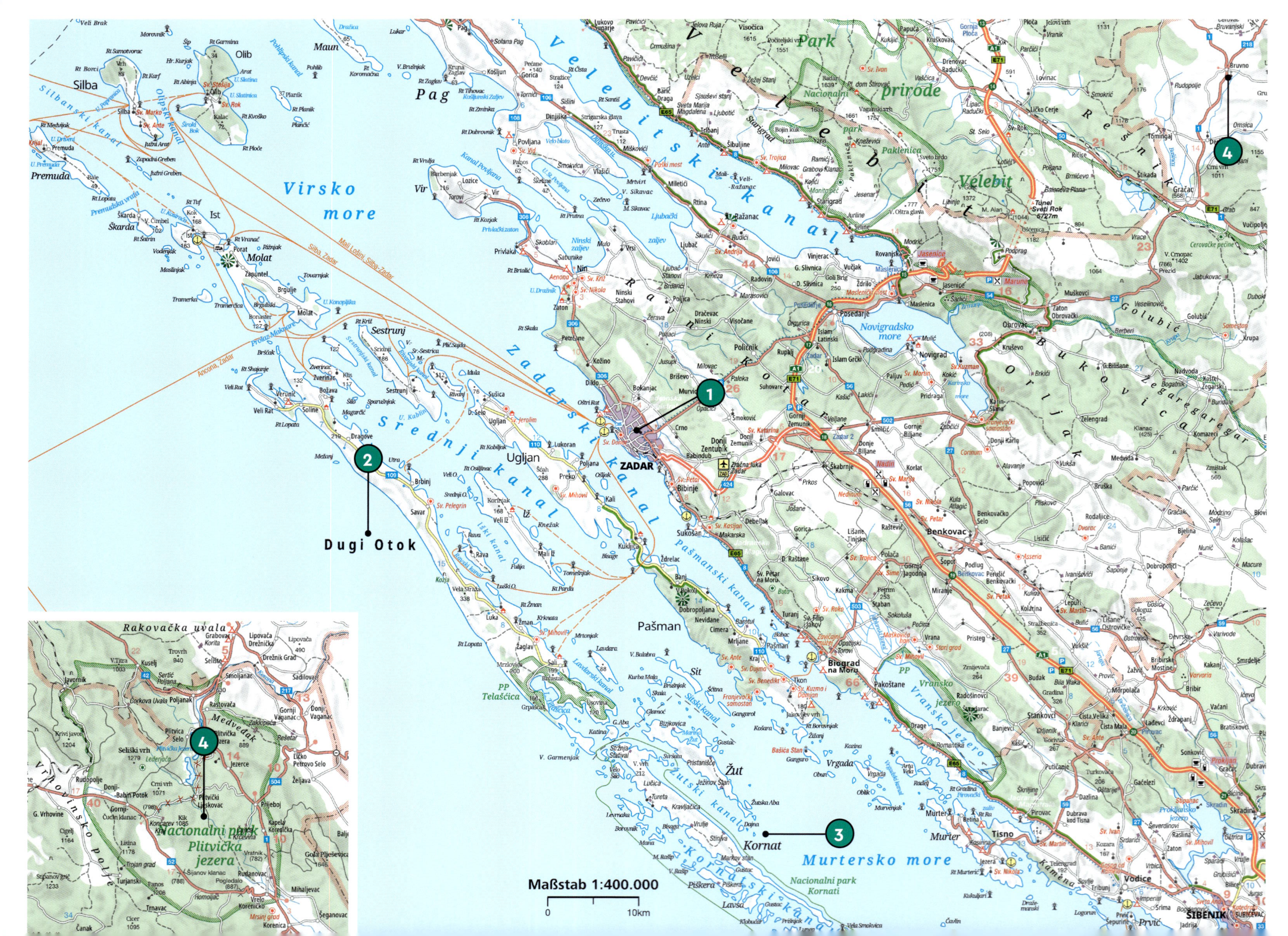

Velebitski kanal
Zadarski kanal
Srednji kanal
Virsko more
Murtersko more
Pašmanski kanal
Vransko jezero
Novigradsko more
Nacionalni park Kornati
Park prirode
Velebit
Nacionalni park Plitvička jezera
ZADAR
ŠIBENIK
Biograd na Moru
Benkovac
Ugljan
Pašman
Dugi Otok
Kornat
Pag
Molat
Silba
Olib
Ist
Premuda
Murter
Žut
Sestrunj
Rakovačka uvala
Vrhovinsko polje
1
2
3
4
Maßstab 1:400.000
0
10km

MEISTERWERKE VON NATUR UND ARCHITEKTUR

Vor der Küste mit ihren Halbinseln, Buchten und fjordähnlichen Einschnitten staffeln sich parallel zueinander schmale, langgezogene Inseln. Die größte und längste, Dugi Otok, leitet nach Süden über zu dem einzigartigen, unter Naturschutz stehenden Archipel der Kornaten.

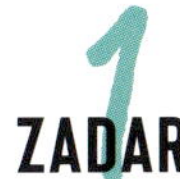

ZADAR

Das antike Iadera erlebte als Zankapfel zwischen Illyrern und Römern, Byzantinern und Kroaten, Ungarn und Venedig eine wechselhafte Geschichte. Im Zweiten Weltkrieg wie auch im Jugoslawienkrieg stark zerstört, versammelt die Altstadt Baustile von der Antike bis zum sozialistischen Modernismus.

Trachtengruppe auf Zadars zentralem Platz, dem Narodni trg.

SEHENSWERT

Der Platz **Narodni trg** bildet die gute Stube der Altstadt und kann mit der Renaissancewache **Gradska Straža**, der barocken **Loggia** (16. Jh.) und dem im Stil des italienischen Modernismo erbauten **Rathaus** (1930er-Jahre) als gelungenes Beispiel für den Zadar-typischen Stilmix gelten. Hinter dem beliebten Café Lovre geht's sogar noch weiter zurück in der Stilgeschichte: Das romanische Kirchlein **Sv. Lovre** stammt aus dem 11. Jh. Die Kalelarga führt dem römischen Decumanus folgend schnurgerade zum **Forum** (trg rimskog Foruma) mit einigen Säulenstümpfen und zwei Gotteshäusern: Beim Bau der Kirche **Sv. Donat** (tgl. April, Mai, Okt. 9.00–17.00, Juni, Sept. 9.00–21.00, Juli, Aug. 9.00–22.00 Uhr), die hoch und zylinderförmig als vorromanische Kirche aus dem 9. Jh. den Platz beherrscht, wurden römische Säulen integriert. Ihre frühchristliche Ausstattung ist, zusammen mit römischen und illyrischen Exponaten im **Archäologischen Museum** (Trg opatice Čike 1, Tel. 023 25 05 42, https://amzd.hr, Nov.–März, Mo.–Fr. 9.00–14.00, Sa. 9.00–13.00, April, Mai, Okt. Mo.–Sa. 9.00 bis 15.00, Juni–Aug. tgl. 9.00–21.00 bzw. 22.00 Uhr) gegenüber zu besichtigen. Die romanische Kathedrale **Sv. Stošija** aus dem 13. Jh. wendet ihre mit Blendgalerien und Rosetten geschmückte Fassade vom Forumsplatz ab; vom **Glockenturm** bietet sich ein herrlicher Blick auf die Altstadt (trg Sv. Stošije, Mo.–Fr. 6.30–19.00, Sa. 8.00 bis 21.00, So. 8.00–19.00 Uhr). Das **Museum für antikes Glas** (Poljana Zemaljskog odbora 1, Tel. 023 36 38 31, www.mas-zadar.hr, Winter Mo.–Fr. 9.00–16.00, Sommer tgl. 9.00–21.00 Uhr) zeigt Glasfunde der römischen Ära.

Die südwestliche Spitze der Altstadt erfuhr durch zwei Installationen des Architekten Nikola Bašić eine Aufwertung. Seine **Meeresorgel TOP-ZIEL** besteht aus 35 Plastikröhren, die, geschickt unter zum Meer führenden Stufen verborgen, durch das eindringende und sich zurückziehende Wasser klagende Töne von sich geben. Der **Gruß an die Sonne** daneben ist vor allem nachts ein Hit. Denn dann sieht man, wie 300 Glasplättchen, unter denen Solarzellen verborgen sind, beim Drauftreten unterschiedlichste Lichtreflexe ausstrahlen. Sehenswert sind auch die venezianischen **Bastionen und Tore**. Zadar erhielt dafür 2017 den UNESCO-Welterbestatus.

HOTELS

Im **€€€ Art Hotel Kalelarga** (Ulica Majke Margarite 3, Tel. 023 23 30 00, www.arthotel-kalelarga.com) treffen zentrale Lage und elegantes, dalmatinisches Dekor aufeinander. Preiswerter und kommunikativer wohnen Backpacker im **€ Boutique Hostel Forum** (Zadar, Široka ulica 20, Tel. 023 25 07 05, https://hostelforumzadar.com). Es gibt auch Doppelzimmer mit eigenem Bad. Perfekte Ferien verspricht das **€-€€€ Zaton Holiday Resort** mit Apartments, Mobile Homes und Camping an einer Sandbucht nördlich von Zadar (Zaton, Dražnikova ul. 76, Tel. 023 28 02 80, www.zaton.hr).

Stadtmauer am Alten Hafen von Zadar.

Zadars Meerespromenade mit »Gruß an die Sonne« (blaue Fläche) und Meeresorgel dahinter.

RESTAURANTS

Im **€€€ Pet Bunara** (Stratico 1, Tel. 023 224010, www.petbunara.com) sitzt man nicht nur angenehm auf einer Altstadtpiazza; auch die modern interpretierten, dalmatinischen Rezepte sind hervorragend. Ein Klassiker ist das **€€€ Foša** (Kralja Dmitra Zvonimira 2, Tel. 023 31 44 21, www.fosa.hr) seit Jahren. Hübsche Lage, gleichbleibend hohe Qualität und aufmerksames Personal. Als eine der besten Adressen für Fisch gilt das **€€ Restaurant des Hotels Niko** (obala Kneza Domagoja 9, Tel. 023 33 78 88, http://hotel-niko.hr) nördlich der Altstadt. Auch als Unterkunft zu empfehlen! Einen Ausflug wert ist das hübsche Fischerörtchen Vinjerac mit seiner **€€ Konoba Pece** (Drage 2, Vinjerac, Tel. 023 27 53 69, https://konobapece.com), wo der Fang des Tages perfekt zubereitet auf den Tisch kommt. In Nin serviert die **€€ Konoba Bepo** (Dražnikova 76, Tel. 023 28 03 36, www.konoba-bepo.hr, im Zaton Holiday Resort) verlässlich gute Grillküche mit Meeresblick. Regionale Produkte und Rezepte listet die kleine Speisekarte der **€€ Ko-**

noba Marasović am Ortsrand von Starigrad-Paklenica (Starigrad 49, Tel. 091 218 76 78).

EINKAUFEN

Im Shop von Zadars Museum für antikes Glas (s. S. 75) werden gut gearbeitete Repliken antiker **Glaswaren** zum Verkauf angeboten. Bei Borovo (Široka ulica) stehen die kroatischen **Kult-Sneakers** Startas im Schaufenster. Seit Jahrhunderten gewinnen die Menschen in der Lagune von Nin **Salz**. Im Geschäft der Saline (Nin, Ilirska cesta 7, Tel. 023 264021, www.solananin.hr) werden das »weiße Gold« und die noch kostbarere Salzblüte verkauft.

Zrmanja Canyon im Velebit Gebirge: Hier wurden etliche Szenen der Karl-May-Verfilmungen gedreht.

UMGEBUNG

Nin liegt 17 km nördlich, auf einer Insel am Rande einer Lagune und ist durch Brücken mit dem Festland verbunden. Besiedelt war der Ort wohl schon um das 9. Jh. v. Chr. von den Liburnern. Historische Bedeutung kommt der kleinen, um 800 erbauten, vorromanischen Kirche Sv. Križ im Ortszentrum zu: In der Amtszeit des Bischofs Grgur Ninski im 10. Jh. stand sie im Mittelpunkt der Auseinandersetzungen zwischen Papst und den Verfechtern einer kroatischen Volkskirche. Das von Ivan Mestrović geschaffene Denkmal vor dem Gotteshaus erinnert an den rebellischen Bischof. Die flachen Sandstrände an der Lagune sind beliebt bei Familien und Kitesurfern.
Der Name des **Paklenica Nationalparks**, 55 km nordöstlich (https://np-paklenica.hr), lässt Climber-Herzen höher schlagen (s. S. 67) und steht seit 2017 auf der Weltnaturerbe-Liste.
70 km nach Osten führen zu einem legendären Aussichtspunkt über dem **Zrmanja Canyon**: Wer die 1960er Jahre-Verfilmungen der Karl-May-Romane rund um den Edel-Apachen Winnetou gesehen hat, wird den Platz als »Pueblo-Hochebene« sofort wiedererkennen!
Die durch eine Brücke miteinander verbundenen Inseln **Ugljan** und **Pašman** bilden die erste Inselbarriere vor Zadar; die zweite übernimmt **Iž**, die dritte **Dugi Otok**. Beide Eilande dienen den Zadarern wegen ihrer schönen Kiesstrände als Wochenend- und Feriendomizile. Ugljan ist zudem bekannt für seine Olivenpflanzungen und die Klosterinsel **Galovac** vor Preko. Fährverbindungen (www.jadrolinija.hr) gibt es ab Zadar nach Preko (Ugljan) und von Biograd na moru nach Tkon (Pašman).

INFORMATION

TZ Zadar, Jurja Barakovića 5, 23000 Zadar
Tel. 023 31 61 66 www.zadar.travel.

DUGI OTOK

Ihren Namen trägt die »lange Insel« nicht ohne Grund: 44 km lang und höchstens 5 km schmal gleicht sie einem im Meer schlafenden Lindwurm. Wie bei Ugljan und Pašman zeigt sich die dem offenen Meer zugewandte Westküste steil und felsig, während sich im Osten kleine Hafenorte aneinanderreihen.

SEHENSWERT

Božava ist der Fährhafen im Norden (ab Zadar) und zugleich Anlaufpunkt für Sonnenanbeter, denn der nahe Strand Saharun besitzt einen schmalen Streifen feinen Sandes. Traumbuchten wie **Veli žal** etwas weiter südlich gibt es viele, nur Schatten ist rar. **Sali** im Süden wird ebenfalls von Fähren angesteuert und bezaubert mit friedvoller Stimmung rund um das schmale Hafenbecken. Von hier ist es nicht weit zum **Telašćica-Naturpark** (www.telascica.hr) am Südende von Dugi Otok. Die tiefe Telašćica-Bucht gilt unter Bootsfahrern als einer der sichersten Ankerplätze an der kroatischen Küste. Badewannenwarmes Wasser umschmeichelt im Salzsee Mir. Den konkurrenzlosen Höhepunkt des Naturparks aber bildet das **Kliff Grpašćak** (s. Tipp), eine 160 m hohe Felswand, zu deren Krone – die Kroaten nennen diese Formationen tatsächlich »kruna«, Krone – ein Pfad hinaufführt. Oben angekommen blickt man ins Nichts – sie fällt nahezu senkrecht ins Meer. Der Blick von hier oben auf den Kornaten-Archipel ist fantastisch.

HOTELS

Dugi Otok besitzt nur wenige und meist nicht besonders ansprechende Hotels. Individualisten werden sich im einfachen, aber charmanten **€-€€ B&B Amarcord Skola** (Veli Rat, Pute Mora 1, Tel. 091 348 8914, auf facebook) unweit des Sakarun-Strands wohlfühlen. Ein angenehmes Pauschalhotel ist das **€€ Mirta** (Božava bb, Tel. 023 29 12 91, www.hoteli-bozava.hr).

RESTAURANTS

An der Nordspitze von Dugi Otok ist die **€€ Konoba Roko** (Zaglav 28, Tel. 098 62 71 33) immer eine gute Wahl. Das **€€ Spageritimo** (Sali, am Hafen, Tel. 098 973 67 73) lässt sich von den Fischern direkt beliefern. Ob die **€€€ Taverna Go-Ro** (Tel. 098 85 34 42, www.tavernagoro.com) geöffnet ist oder nicht, muss telefonisch erfragt werden. Das Kultlokal an der Telašćica-Bucht steht für beste Regionalküche.

ERLEBEN

Beim Fest **Saljske uzance** am ersten Augustwochenende in Sali gibt es u.a. ein Eselrennen.

INFORMATION

TZ Sali, Obala Petra Lorinja, 23281 Sali
Tel. 023 37 70 94, www.dugiotok.hr

KORNATEN

89 Inselchen und Felsriffe bilden den einzigartigen **Nationalpark Kornaten TOPZIEL**. Traditionell wurden und werden die Kornaten von den Bewohnern Murters landwirtschaftlich genutzt – für den Anbau von Olivenbäumen, als Schafweide und früher natürlich auch als Fischgründe. Letzteres ist seit 2013 verboten. Inzwischen hat touristische Nutzung durch Ankerstellen, Inselrestaurants und Ferienhäuser die traditionellen Erwerbszweige fast verdrängt. Faszinierend sind die der offenen See zugewandten, wie abgebrochen wirkenden Steilküsten vieler Eilande, die »Kronen«. Jene von **Kolobučar** ist 82 m hoch. Kormorane, Graufalken und Möwen nisten in den Felsennischen; manchmal zeigen sich auch Delfine. Kornaten-Exkursionen bieten verschiedene Agenturen in Murter an.

HOTELS

Unter den Kornaten-Inseln bietet nur **Murter** Unterkunft, zumeist in Privatquartieren. Eine Alternative mit schicken Bungalows und großzügigen Stellplätzen finden Glamping-Freunde im **€€ Olivia Green Camping** (Tisno, Put Jazine 328, Tel. 091 605 66 52, https://oliviagreencamping.com). Am Meer und familiär übernachten Gäste im **€€ Hotel Ana** (Murter, Pod Raduč 29, Tel. 099 294 72 26, https://hotelanamurter.com).

RESTAURANT

Romantisch in einer Altstadtgasse gelegen versteht sich **€€ Fine Food Murter** (Murter, Mainova 5, Tel. 091 121 00 93, http://www.finefoodmurter.com) auf modern interpretierte Regionalküche.

INFORMATION

Nacionalni Park Kornati
Murter, Betina 2, Tel. 022 43 57 40
www.np-kornati.hr

DURCH DIE LINSE GESEHEN

***Frank Heuer, Fotograf:** Das 160 m hohe, steil ins Meer abfallende Kliff Grpašćak im Telašćica-Naturpark zählt zu den spektakulärsten Naturhighlights der kroatischen Küste. Da es keine Hotels gibt, hat man hier idealerweise ein Boot und übernachtet in einer geschützten Bucht. Denn am stimmungsvollsten lässt sich das Klippen-Szenario frühmorgens und zum Sonnenuntergang fotografieren. Die beste Sunset-Fotolocation findet man übrigens nicht auf den Anhöhen der Klippe selbst, sondern am südlichen Ende des Inland-Salzsees, bei einem imposanten Felsengarten (ca. 30 Min. Fußweg). Hier lassen sich tolle Selfies schießen, die die Community beeindrucken werden.*

Unterwegs auf der Kornaten-Insel Levrnaka.

PLITVICER SEEN

Die über Wasserfälle miteinander verbundenen 16 Seen sind als **Nationalpark TOPZIEL** geschützt und gehören bereits seit 1979 zum Weltnaturerbe der UNESCO (siehe auch Zur Sache S. 72/73). Die Seenlandschaft liegt ca. 130 km nordöstlich von Zadar. Von seiner schönsten Seite präsentiert sich der knapp 300 km² große Nationalpark im späten Frühjahr oder im Herbst. An einem frühlingshaften Tag im Mai oder einem goldenen im Oktober teilt man die Schönheit dieser Feen- und Märchenlandschaft nicht mit 10 000, sondern nur mit einigen Dutzend Bewunderern.

SEHENSWERT
Nicht versäumen sollte man den mit 78 m Höhe größten Wasserfall **Plitvički slap**. Vom Aussichtspunkt **Vidikovac** nahe dem Eingang 1 öffnet sich ein schöner Ausblick auf die kaskadenförmige Seenlandschaft. Den Rundwanderweg kann man abkürzen, indem man mit dem Boot oder Elektrozügen (Fahrten im Ticketpreis inbegriffen) zu den beiden Ausgängen zurückkehrt.
Es gibt im Park ein ausgedehntes **Wanderwegenetz** (ca. 36 km), reizvoll ist es, auch längere Touren einzuplanen. Dies geht selbst im Sommer, denn mehr als 80% der Nationalparkfläche sind mit Wald bedeckt.

HOTELS
Zum Nationalpark gehören mehrere Hotels und ein Campingplatz (s. S. 73).

RESTAURANTS
Das Restaurant €€ **Lička Kuća** bietet traditionelle kroatische Küche. Beim südlichen Eingang 2 bietet das € **Bistro Hladovina** kleine Speisen und Getränke. Zudem gehören zu allen Hotels im Nationalpark Restaurants und in der Umgebung gibt es zahlreiche einfache Gaststätten.

EINTRITTSKARTEN
Die Eintrittskarten müssen mindestens einen Tag im Voraus im **Onlineshop des Nationalparks** unter Angabe der Besuchszeit gekauft werden. Nur im Ausnahmefall sind Restkarten an den Parkeingängen erhältlich. Die **Ticketpreise** für einen Tageseintritt schwanken zwischen 80 kn im Winter, 180 kn im Frühjahr und Herbst sowie 300 kn im Sommer. Daneben kann man auch Zweitagestickets kaufen.

INFORMATION
Nacionalni Park Plitvička Jezera
Tel. 053 75 10 15, https://np-plitvicka-jezera.hr

SONNENGRUSS AUF DER INSEL IŽ

Für mich ist es ein Abenteuer: Weder habe ich bislang Yoga praktiziert, noch meditiert. Ich kenne Begriffe wie »gong bath« oder »shala« nicht und weiß über den Sonnengruß nur, dass meine Gelenkigkeit dafür sicher nicht ausreicht. Trotzdem hat mich das Angebot des Hotels Korinjak auf der Insel Iž neugierig gemacht und Workshop-Leiterin Lea Lončar fegt alle meine Bedenken hinweg. Du sollst Dich einfach entspannen und erholen.

Das Programm beginnt vor dem Frühstück mit einer Meditation in der shala (ich lerne: Übungsraum!), gefolgt von kyrias, die meinen Körper reinigen, und den ersten leichten Yoga-Übungen. Nach dem köstlichen Vollwertfrühstück gibt mir Lea Tipps fürs individuelle Üben. Die lange Pause am Strand genieße ich wohlig erschöpft, lasse mich im Wasser treiben, lese, döse. Auf das »Gong-Bad«, eine Lautmeditation, folgt ein vegetarisches Abendessen. Dann falle ich todmüde, aber glücklich ins Bett.

Unter kundiger Anleitung: Yoga Sessions des Hotels Korinjak auf Iž.

Die Woche vergeht im Flug, und ja, ich habe am Ende auf dem Gipfel des Korinjak-Berges am Sonnengruß teilgenommen und mich noch nie so selig gefühlt. Versprochen, ich komme wieder!

Unterkunft: €€ Hotel und € Camp Korinjak, Veli Iž, Insel Iž, Tel. 023 27 70 64, http://korinjak.com, einfache, aber geschmackvolle Hotelzimmer oder Zeltplatz, vegetarische Halbpension, Workshops in den Sommermonaten (Programm s. Webseite).

Anfahrt: von Zadar mit Fähre oder Katamaran der Jadrolinija (www.jadrolinija.hr) bzw. Schiffen der GV Line (www.gv-zadar.com).

Mitteldalmatien

RETREAT MIT INSELBLICK

Mädchen in flatternden Sommerkleidern spazieren unter Palmen, Grüppchen von Pensionären diskutieren über die Welt, Kinder scheuchen Tauben auf, und von den Inseln her nähert sich eine Fähre. Splits Uferpromenade unterscheidet sich auf den ersten Blick kaum von denen anderer Hafenstädte.

Nur mit dem Boot oder zu Fuß erreicht man die herrliche Strandbucht Uvala Stiniva auf der Insel Vis.

Die neoklassizistische Villa, in der der Bildhauer und Architekt Ivan Meštrović (1883–1962) lebte, beherbergt heute eine Galerie mit Werken des Künstlers.

In Split gibt es eine Vielzahl von Clubs und Bars – auch in der Altstadt.

Und doch: Die Häuserzeile entlang der Riva wirkt kompakter und geschlossener, trägt eigenwillige Halbsäulen und Bögen, scheint stellenweise völlig verfallen. Kein Wunder! Ein Gutteil ihrer mit goldgelber Patina gealterten Steinquader wurde vor über 1800 Jahren gesetzt. Ursprünglich bildeten sie die Südmauer eines Palastes, den der abgedankte römische Kaiser Diokletian um 305 hier an der Ostadria errichten ließ.

NACHHALTIGE NUTZUNG KONTRA ZERSTÖRUNG

Die Anlage war natürlich weit mehr als »nur« das Hideaway eines der gnadenlosesten Christenverfolger, als der Diokletian in die Geschichte einging. Etwa die Hälfte des 180 auf 215 m messenden Areals nahmen Kasernen und Versorgungseinrichtungen ein. Der ehemalige Kaiser residierte im vorderen, dem Meer zugewandten Teil, zu dem neben den Wohnräumen auch ein Jupitertempel und Diokletians Mausoleum gehörten. Sie gruppierten sich um einen Innenhof, der bis heute Peristyl heißt und mit seinen römischen Säulen, ägyptischen Sphingen und dem romanischen Portal der Kathedrale Sv. Duje ein sehr eigenwilliges Ensemble bildet. Die Grabstätte Diokletians hätten die um das 8. Jh. in den verlassenen Palast gezogenen Christen natürlich auch wütend zerstören können. Stattdessen widmeten sie Tempel bzw. Mausoleum zur Kathedrale um, entfernten den kaiserlichen Sarkophag und setzten stattdessen die Gebeine christlicher Märtyrer bei, die Diokletian verurteilt hatte: Domnius, dem das Gotteshaus geweiht ist, und Anastasius, dessen Altar der Bildhauer Juraj Dalmatinac mit einem außergewöhnlich bewegten Relief schmückte. Die römische Architektur, ein Oktogon, blieb unverändert, und in die Nischen für die Statuen von Göttern und Kaisern zogen christliche Heilige ein.

»NÄHERT MAN SICH SPLIT MIT DEM SCHIFF, BETRITT MAN EINE BÜHNE, WIE SIE SICH SONST AN DER ADRIA NICHT DARBIETET.«

Uwe Rada, »Die Adria«, 2014

Diokletianpalast in Split: Das Peristyl (links und unten), der offene Säulenhof des Palastes, ist heute beliebter Treffpunkt.

Durch die Porta Aurea, das Goldene Tor (oben), betrat ehemals nur die kaiserliche Familie den Diokletianpalast. Das Vestibül (links) war der Vorraum zu den kaiserlichen Gemächern.

Shoppen in Split ist ein Vergnügen. Die Auswahl ist groß!

Split besitzt eine schmucke Uferpromenade, die palmengesäumte Riva. Hier kann man zu jeder Tageszeit herrlich verweilen (oben und rechts).

Bekannt ist die heimliche Hauptstadt Dalmatiens auch für ihre gute Restaurantszene.

Das Café Vidilica ist die perfekte Location für einen Sundowner.

DER ZAUBER DER KLAPA

Von einem der Tische im Café Luxor der Kathedrale gegenüber breitet der über Jahrhunderte nach und nach besiedelte und als Wohnraum vereinnahmte Palast all seine verblichene Grandezza aus. Eine Grandezza, die Besucher leider selten für sich alleine haben. Der Palast ist UNESCO-Erbe und ein Pflichtstopp aller Kreuzfahrtschiffe. Legen mehrere gleichzeitig an, verwandelt sich das Peristyl in eine Art mediterranes Babylon. Eine Kakophonie fremdartiger Zungen hallt in den schmalen Gassen wider, die vom Peristyl wie mit dem Lineal gezogen durch die Palaststadt zu den Toren in West, Nord und Ost führen. Vor den schönsten Motiven konkurriert eine Armee von Selfiesticks um die Lufthoheit. Doch ab und an gelingt es einer sehr sanften, nicht einmal lauten Melodie, die vielen Menschen zum Schweigen zu bewegen. Wenn sich die Sänger einer klapa, eines dalmatinischen A-Capella-Chores, im Vestibül des Ex-Palastes versammeln und dessen fantastische Akustik nutzend ihre wehmütigen Lieder zum Besten geben, wird es im Peristyl ganz still.

WEISSER STEIN UND GOLDENER STRAND

Von Split aus sind die Steinbrüche von Pučišća nicht zu sehen, aber wer seine Ferien an der Makarska Riviera südöstlich verbringt, hat das weiße Leuchten der in die Nordküste von Brač geschlagenen Wunden ständig vor Augen. Diese Steinbrüche lieferten das Baumaterial für Diokletians Palast, das Weiße Haus in Washington und für den Berliner Reichstag. Bis heute steht der schneeweiße und mit dem Alter sich goldgelb färbende Stein bei Architekten wie Bildhauern in großer Gunst. Die kroatische Designerin Ida Stipčić-Jakšić aus Split verarbeitet den »Bračer Marmor« sogar zu Schmuck.

Der weiße Stein ist auch an Bračs großer Attraktion maßgeblich beteiligt, er säumt als Kiesstrand eine Landzunge bei dem quirligen Badeort Bol, deren Spitze über 500 m weit ins Meer reicht. Dieses »Goldene Horn« ändert beständig mit dem Wechsel der Winde und Meeresströmungen seine Richtung; seine Spitze wendet sich mal nach West, dann wieder nach Ost. Strahlendes Weiß, gerahmt vom

»DER BRAČER MARMOR WAR BAUMATERIAL FÜR ... DAS WEISSE HAUS IN WASHINGTON UND DEN BERLINER REICHSTAG.«

türkisblauen Meer, wie das »Goldene Horn« häufig abgebildet wird, suchen wir vor Ort übrigens vergebens: Die Steinchen sind gelblich wie die Fassade des Diokletianpalastes und die vielen anderen aus Bračer Marmor errichteten Denkmäler und Bauten – patiniert vom Zahn der Zeit.

EIN LEBEN UNTER MÖNCHEN

Der hat auch dem Kloster von Blaca ziemlich zugesetzt. Eine Stunde Bootsfahrt von Bol nach Westen

Der Nationalpark Krka im Hinterland von Šibenik umfasst eine paradiesische Flusslandschaft mit sieben großen Wasserfällen.

entlang der schwer zugänglichen Südküste liegen hinter uns, als sich in den Felsen eine Scharte auftut, die sich beim Näherkommen als steile Schlucht entpuppt. Eine Dreiviertelstunde steigen wir durch sie auf das in 250 m Höhe am Fels klebende Kloster Blaca zu. Gegründet wurde es 1551 von zwei Mönchen, die aus Furcht vor den Türken vom Festland hierher geflohen waren. Sie bauten es zu einem florierenden landwirtschaftlichen Gut aus. Die Größe des Konvents und auch die reich mit kostbaren Inkunabeln bestückte Bibliothek sind Zeugnis des ehemaligen Wohlstands. Seit 1963 der letzte Bewohner starb, kümmert sich ein Kustos der Gemeinde Bol um das beliebte Ausflugsziel.

ODER LIEBER UNTER PROMIS?

Dann auf nach Hvar! Da liegen Yachten im Hafen, von denen wir nicht einmal zu träumen wagten, und ein sonnenbebrillter Möchtegernpromi nach dem anderen kommt einem doch irgendwie bekannt vor. Tatsächlich war Hvar-Stadt viele Jahre Anlaufpunkt von sehr reichen und manchmal auch sehr prominenten Menschen, die Spielberg hießen, Beyoncé, Brangelina oder, oje, Donald T. Da die Meute aber selten länger verweilt, sondern weiterzieht, tummelt sich heute stattdessen die Spezies der Influencer zwischen Riva und den Edelrestaurants in der Altstadt, ähnlich gestylt, aber nicht so berühmt und ständig Selfies für den Instagram-Auftritt inszenierend. Das

Cafés säumen den zentralen Platz von Trogir (ganz links). Ein mittelalterlicher Klostergarten umgibt das Laurentiuskloster von Šibenik (links).

An Šibeniks zentralem Platz (Trg Republike Hrvatske) steht die Kathedrale des hl. Jakob (rechts im Bild).

Trogir besitzt eine hübsche Meerespromenade. Hinten im Bild ist die Festung Kamerlengo.

Einer von Kroatiens Vorzeigestränden: das Goldene Horn bei Bol auf der Insel Brač.

Klosterruine in der Lovrecina-Bucht von Brač.

war's auch schon mit Hvars berühmtem Promi-Faktor. Der Rest der Inselhauptstadt und dieser bezaubernden und stets nach Lavendel duftenden Insel gibt sich völlig normal. In Städtchen wie Milna oder Stari Grad sagen sich in der Nebensaison Fuchs und Hase gute Nacht, und die schönsten Buchten wie die karibiktaugliche Uvala Zavala an der Nordostküste sind nur nach mühevollem Fußweg zu erreichen. Dafür haben wir sie dann fast für uns alleine.

DER DICHTER UND DAS MEER

In Starigrad auf Hvar wuchs der Philosoph und Dichter Petar Hektorović (1487–1572) auf. Seine festungsartige Villa Tvrdalj zählt zu den großen Sehenswürdigkeiten der Insel und ist zugleich Symbol dafür, wie die Renaissance auch die Alltagsarchitektur prägte: Ähnliche Villen und Sommersitze begüterter Kaufleute und Adeliger finden sich vielerorts an der Küste, vor allem im Einflussbereich Dubrovniks, des damaligen Ragusa. Charakteristisch sind Zweiflügelanlagen, die sich zur Landschaft hin öffnen, und ein Fischteich, wie ihn auch Hektorovićs Anwesen besitzt. Für den Dichter waren all diese Elemente symbolisch: Die Fische standen für Jesus Christus, die Tauben im dekorativen Taubenhaus für den Heiligen Geist. Rund um den Teich ließ der Dichter Inschriften einmeißeln: »Wie schön sind doch Glaube und Wahrheit!« beschwört eine, »Die Tage gehen vorüber wie Wellen und kehren nicht zurück« eine andere. Hektorović hatte eine intensive Beziehung zum Meer. Sein bekanntestes Werk »Ribanje« (Über das Fischen) verfasste er nach einer dreitägigen Boots-

Minikreuzfahrten, z.B. mit der MS Carpe Diem, liegen im Trend.

MIT BOOT UND RAD

Der Blick auf Dalmatiens Inseln ist vom Bord eines Motorseglers nochmal so schön. Unser Fotograf Frank Heuer hat diese als Fotoauftrag getarnte Kreuzfahrt sehr genossen.

Sie bot ihm nicht nur fantastische Bildmotive, sondern auch ein bisschen Sport und viel Erholung. Von Zadar aus fuhr die MS Carpe Diem nach Süden in Richtung Šibenik. An Bord waren nicht nur 25 Passagiere, die in den Doppelkabinen mit eigenem Bad bequem untergebracht waren, sondern auch eine Flotte gut gewarteter Fahrräder. In jedem Hafen wartete eine kleine Radtour auf Bewegungshungrige. Höchstens 25 km, meist flach. Wer keine Lust hatte, blieb an Bord oder ging spazieren.

Verpasste dann allerdings auch Einiges: So eine Verkostung mit Schinken und Wein auf der Insel Murter, immer wieder standen Badepausen auf dem Programm.

Die hier beschriebene, achttägige »Aktiv & Cappuccino«-Tour organisiert ID Riva (www.kroatien-idriva.de).

Abendstimmung auf der MS Carpe Diem.

Aus Furcht vor türkischen Angriffen wurde die Eremitage Blaca im Inselinneren von Brač errichtet.

Los geht's zur Rafting-Tour auf dem Fluss Cetina (Start in Slime).

Von Hvars Festung Spanjola geht der Blick weit über Meer und Inselwelt.

Fast schon kein Geheimtipp mehr: der Ort Komiža auf Vis.

Treffpunkt: Der Hauptplatz von Hvar-Stadt (oben), auch am kleinen Hafenbecken herrscht meist Betrieb (rechts).

fahrt mit einheimischen Fischern, bei der er deren Lieder, Sprichworte und Arbeitstechniken aufzeichnete. Es war der erste ethnographische Bericht in kroatischer Sprache, verfasst im Dialekt der Fischer und gilt bis heute als nationales Epos.

EINE INSEL WIRD ENTDECKT

Auf dem Weg nach Vis tuckert die Fähre gemächlich an Hvar und Brač vorbei. Vis liegt am weitesten entfernt vom kroatischen Festland, quasi auf halbem Weg nach Italien, und diente den vielen Nationen, die sich in Dalmatien die Klinke in die Hand gaben, als Militärstützpunkt. Besondere Bedeutung gewann Vis im Zweiten Weltkrieg: Zunächst von Italien besetzt, eroberten die jugoslawischen Partisanen unter ihrem Anführer und späterem Staatspräsidenten Josip Broz Tito 1943 die Insel zurück. Sie installierten ihr Hauptquartier in einer Höhle, heute als »Titova špilja«, Tito-Höhle, eine der Hauptsehenswürdigkeiten der Insel. Vis spielte auch eine wichtige Rolle bei den Angriffsflügen der Alliierten gegen Hitlerdeutschland. Die amerikanischen Bomber starteten von Bari in Apulien aus, und wenn auf dem Rückweg Probleme auftraten, bot sich das kleine Flugfeld unweit von Vis-Stadt als letzte Rettung an. Nach Kriegsende blieb die Insel militärische Zone und Sperrgebiet, erst 1989 durften die ersten Touristen kommen.

Das Erbe des Krieges und der Jahre als jugoslawischer Militärstützpunkt sind heute Touristenattraktionen: Zu den Bunkern und Raketenstartrampen sowie der unter Fels verborgenen U-Boot-Basis werden robuste Jeeptouren veranstaltet. Doch Goran, der uns durch die zurückgelassenen Militäranlagen führt, zeigt auch das liebliche Gesicht dieses Eilands, dessen oft nur mit dem Boot erreichbare Traumbuchten zu den schönsten Dalmatiens zählen. Besonders stolz ist er auf die Ernennung des Archipels von Vis zum Geopark durch die UNESCO: Auf mehreren Nachbarinselchen wie Biševo mit seiner berühmten Blauen Grotte (zwischen 11.00 und 12.00 Uhr erlebt man hier ein herrliches Farbenspiel, dann erfüllt den Höhlenraum ein unwirklich erscheinender Blauton) und in der Bucht von Komiža finden sich die ältesten Gesteinsschichten der Adria.

NOSTALGIE AM HAFEN

Abends in einem Café an der Hafenpromenade von Komiža fühlen wir uns in das Italien der 1960er-Jahre versetzt. Die kaum geschönten Fassaden der alten Fischerhäuser, das gemächliche Tempo, in dem die Menschen ihrer Arbeit nachgehen, wirken als hätte es die letzten 50 Jahre nicht gegeben. Selbst die Inselhauptstadt Vis scheint trotz regem Schiffs- und Autoverkehr in Erinnerungen zu schwelgen. Aber dann schiebt sich eine schnittige Yacht nach der anderen in den Hafen und wir verstehen. Hvar war gestern. Heute ankern die Abramovičs dieser Welt vor diesem so lange verbotenen Inseljuwel. Wie schade!

Warten auf die Gäste, in der Altstadt von Hvar füllen sich die Restaurants ganz sicher.

Jeder der 72 Köpfe an der dem hl. Jakob geweihten Kathedrale von Šibenik ist individuell gestaltet.

Renaissance in Dalmatien

MIT 72 KÖPFEN FING ALLES AN

Gemeinhin gilt Florenz als Wiege der Renaissance. Doch es gab einen fast zeitgleichen künstlerischen Aufbruch in den Städten Dalmatiens. Antike Vorbilder und dalmatinische Volkskultur standen Pate.

Die Jakobskathedrale von Šibenik vereint in sich Merkmale aus Renaissance und Gotik.

Man schrieb das Jahr 1441, als ein gewisser Juraj Dalmatinac (1410–1473) mit den Stadtvätern von Šibenik einen Vertrag über den Bau einer Kathedrale schloss. Dalmatinac, gebürtig aus Zadar, ausgebildet in Venedig und zu diesem Zeitpunkt etwa 30 Jahre alt, begann mit den Apsiden, um die er einen Fries mit 72 Porträtköpfen junger und alter Männer und Frauen legte. Er formte die Köpfe nicht nach dem strengen Kanon der Gotik sondern im Geiste des Humanismus als Individuen mit fröhlicher, hämischer, trauriger, stolzer, kurzum mit menschlich bewegter Miene. Rund 20 Jahre nach den ersten Arbeiten von Künstlern wie Donatello oder Brunelleschi in Florenz läutete Dalmatinac mit diesem Fries den Beginn der Renaissance in Dalmatien ein, gab ihr sprichwörtlich viele Gesichter. Die strahlende Helligkeit der Renaissance und deren Humanismus verdrängten endgültig das düstere Mittelalter.

DIE REALITÄT EROBERT DIE KUNST

Weitere markante und außergewöhnliche Arbeiten erzählen von dem neuen Geist, den Dalmatinac für Skulptur und Architektur Dalmatiens verkörperte: In Šibeniks Baptisterium ließ er Gottvater auf den Täufling herabblicken, der anders als im Mittelalter nicht als majestätischer Jesus bei der Taufe im Jordan sondern als schreiendes Menschenkind dargestellt ist. Eigenwillig ist auch das Relief der »Geißelung Christi« am Anastasius-Altar der Spliter Kathedrale: Jede Geste, jeder Faltenwurf ist in Bewegung. In den Gesichtern der Schergen spiegelt sich gnadenlose Brutalität. Auf der Insel Pag plante und errichtete er ab 1443 eine neue, gut vor den ständig attackierenden Osmanen befestigte Hauptstadt, nachdem das alte Pag als zu unsicher aufgegeben werden musste. Der Grundriss der neuen Siedlung ent-

Bäume und Sträucher aus aller Welt wachsen im Arboretum von Trsteno. Übrigens spielt das Arboretum in der Serie »Game of Thrones« eine prominente Rolle: Es bildet den Hintergrund für so manche grausame Szene.

spricht antiken Vorbildern mit rechtwinkelig kreuzenden Hauptachsen. Ein typisches Produkt von Pag, die Klöppelspitze, verewigte Dalmatinac in Stein als Rosette an der Kathedrale, damit thematisierte er den Alltag.

DIE MEISTER DES WEISSEN STEINS

Schüler wie Andrija Aleši (1425–1505) oder Nikola Firentinac (1418–1506) setzten Dalmatinacs Bauprojekte nach dessen Tod fort. Höhepunkt ihres gemeinsamen Schaffens ist die Kapelle des Sv. Ivan Orsini in der Kathedrale von Trogir, ein Meisterwerk der Renaissancekunst. Übrigens verwendeten alle Renaissance-Architekten bevorzugt Bračer Marmor. Andrija Aleši besaß sogar einen eigenen Steinbruch bei Pučišća auf Brač, der noch heute besteht und »Veselje«, Freude, heißt.

WENN DER ADEL FEIERT

In den zahlreichen Sommervillen entlang der Küste fanden im 15. Jh. fröhliche Feste, Dichter- und Künstlertreffen statt, Gedichte wurden zitiert, antike Philosophen gelesen und diskutiert, der Schönheit der Natur gehuldigt. Die berühmteste dieser Villen steht im Arboretum Trsteno, ca. 20 km nördlich von Dubrovnik. Sie gehörte der Adelsfamilie Gučetić-Gozze, die regelmäßig die intellektuelle Prominenz Dalmatiens in ihrem Anwesen versammelte und mit dem großzügig angelegten Park das älteste Arboretum Europas begründete. Bäume und Sträucher, die Seefahrer aus allen Erdteilen nach Ragusa brachten, fanden hier eine neue Heimat. Denn auch das bedeutete Renaissance: Der Mensch entdeckte unbekannte Welten und brachte deren exotische Besonderheiten zu Studium und Belehrung mit in die Heimat.

FAKTEN & INFORMATIONEN

BESCHREIBUNG UND ÖFFNUNGSZEITEN

Kathedrale Sv. Jakov, Šibenik, S. 95
Kathedrale Sv. Duje, Split, S. 95
Kathedrale Sv. Lovre, Trogir, S. 96
Arboretum Trsteno, S. 113

Noch romanisch ist das Radovan-Portal an der Kathedrale von Trogir.

»DIE STRAHLENDE HELLIGKEIT DER RENAISSANCE UND DEREN HUMANISMUS VERDRÄNGTEN ENDGÜLTIG DAS DÜSTERE MITTELALTER.«

Im nördlichen Seitenschiff der Kathedrale Sv. Lovro von Trogir begeistert die Renaissancekapelle Sv. Ivan Orsini.

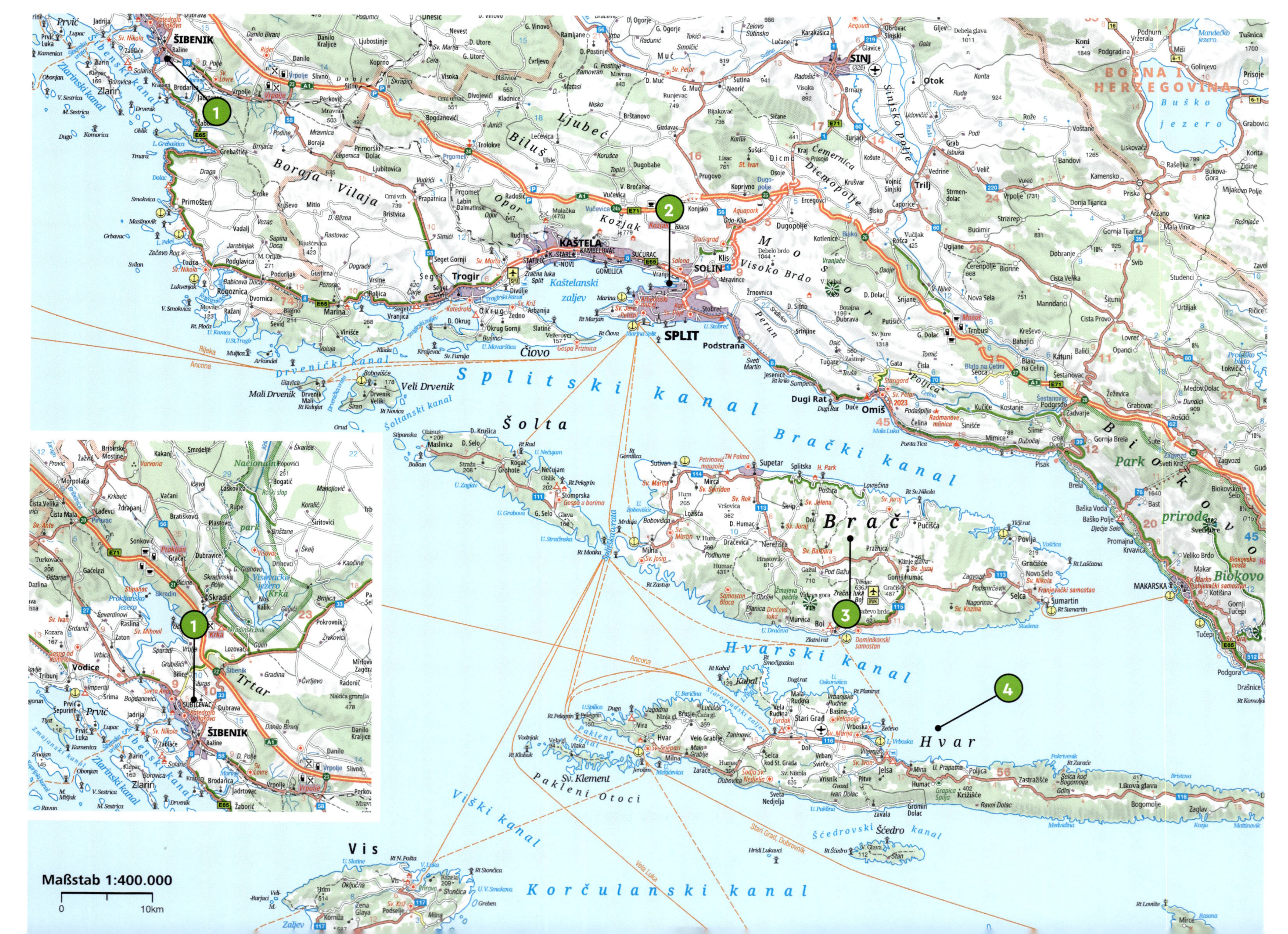

BOSNA I HERCEGOVINA
Buško jezero
SINJ
Sinjsko polje
Otok
Trilj
ŠIBENIK
KAŠTELA
SOLIN
SPLIT
Podstrana
Trogir
Omiš
Dugi Rat
MAKARSKA
Biokovo
Park prirode Biokovo
Mosor
Kozjak
Opor
Biluš
Ljubeć
Boraja
Vilaja
Čiovo
Kaštelanski zaljev
Splitski kanal
Brački kanal
Hvarski kanal
Korčulanski kanal
Viški kanal
Šoltanski kanal
Drvenički kanal
Šibenski kanal
Zlarinski kanal
Pakleni kanal
Šćedrovski kanal
Šolta
Brač
Hvar
Vis
Pakleni Otoci
Sv. Klement
Šćedro
Veli Drvenik
Mali Drvenik
Supetar
Bol
Stari Grad
Jelsa
Zlarin
Prvić
Vodice
Skradin
Nacionalni park Krka
Maßstab 1:400.000
0
10km
1
2
3
4

WELTKULTURERBE AUF SCHRITT UND TRITT

Šibenik, Split, Trogir, die Küstenfestung Sv. Nikola, ja sogar ein Tal auf Hvar tragen die Auszeichnung der UNESCO. Neben Palästen und Kathedralen verleiht die vielgestaltige Natur großer und kleiner Inseln dieser Region ihren besonderen Reiz.

ŠIBENIK

Die Hafen- und Industriestadt (34 000 Ew.) liegt in einem Wasserstraßenlabyrinth an der Mündung des Flusses Krka. Zeugen der langen venezianischen Herrschaft sind zahlreiche Festungsbauten.

Restaurant Pelegrini in Šibenik: Nicht nur die Küche (siehe Tipp) auch die Kulisse überzeugt.

SEHENSWERT

Die **Kathedrale Sv. Jakov** TOPZIEL (Trg Republike Hrvatske, tgl. 9.30–18.30 Uhr), UNESCO Weltkulturerbe, gilt als Sinnbild des Übergangs von der Gotik zur Renaissance. Architekt Juraj Dalmatinac (1410–1473) schenkte dem ursprünglich gotisch geplanten Gotteshaus jene Merkmale, die es zu einer der ungewöhnlichsten Kirchen Dalmatiens machen: So einen Fries aus Porträtköpfen prominenter Šibeniker Bürger entlang der Apsis (Abb. S. 90). Als Baumaterial verwendete Dalmatinac Steinplatten, die er mit Nut und Feder aneinanderfügte. Von der **Stadtloggia** (16. Jh.) gegenüber genießt man einen tollen Blick auf Sv. Jakov und das **Denkmal von Dalmatinac** aus der Hand von Ivan Meštrović. Bergauf in Richtung Festung Sv. Mihovil verbirgt sich hinter den Mauern von **Sv. Lovre** ein entzückender Klostergarten nach mittelalterlichem Vorbild mit einem entspannten Café (Strme stube 1, Sommer 9.00–23.00 Uhr, Winter kürzer). Im Franziskanerkloster **Sv. Frane** wird das älteste kroatische Schriftstück in lateinischer Sprache aufbewahrt.

HOTELS

Im €€€ **Heritage Hotel Life Palace** wohnen Sie am Puls der Stadt in historisch gestalteten Zimmern (Kralja Tomislava 12, Tel. 022 21 90 05, www.hotel-lifepalace.hr). Einfacher aber umso geselliger geht es im € **Hostel Indigo** zu (Jurja Barakovića 3, Tel. 022 20 01 59, www.hostel-indigo.com), dessen Dachterrasse über den Häusern der Altstadt schwebt.

RESTAURANTS

Dalmatinische Küche mit einem modernen Twist – darauf ist man stolz in der €€ **Konoba San Antonio** (Dobrić 1, Tel. 098 16421341, auf Facebook). Die mediterrane Küche des €€ **Pjat** (Trg Pavla Šubića I 3, Tel. 098 9423780, https://restoranpjat.business.site/) mit Gerichten wie Thunfischtartar heben Gourmetführer lobend hervor.

ERLEBEN

Im **Na Maloj loži** (kurz Na.Ma.Lo., Don Krste Stošića 2, auf Facebook) kann man entspannt in den Abend starten – bei frisch geröstetem Kaffee, Craft-Bier oder einem Gläschen Wein.

UMGEBUNG

Der Lauf des Flusses Krka steht zwischen Knin und der Mündung in die Adria bei Skradin als **Krka-Nationalpark** TOPZIEL (www.np-krka.hr, Mai–Aug. 9.00–20.00 Uhr, sonst kürzer) unter besonderem Schutz. Neben tief eingeschnittenen Schluchten, Wasserfällen und einem großen Artenreichtum sind zwei Klöster interessant, eines serbisch-orthodox (16. Jh. Manastir Krka bei Kistanje), das andere katholisch (Samostan Visovac, 15. Jh). Vom Haupteingang bei Lozovac (15 km von Sibenik) führt ein hübsch angelegter Rundweg auf 2 km durch dichtes Grün und an Wasserarmen entlang zum Wasserfall Skradinski Bug (ca. 1 Std.). Alternativ unternehmen Besucher eine Schiffsfahrt die Krka flussaufwärts bis zur Insel Visovac (mit Klosterbesichtigung, ca. 2 Std.).

INFORMATION

Tourist-Info, Fausta Vrančića 18
Tel. 022 21 20 75, www.sibenik.tourism.hr

SPLIT

Der ehemalige Palast des römischen Kaisers Diokletian (ca. 240–313) bildet, heute dicht bebaut, den Mittelpunkt der lebhaften Hafenmetropole (178 000 Ew.).

SEHENSWERT

Der **Diokletianpalast** ist UNESCO-Weltkulturerbe. 305 dankte Diokletian ab und zog sich nach Dalmatien zurück. Unweit der römischen Siedlung Salona ließ er ein 4 ha großes Areal mit Palast, Tempeln, Wohngebäuden und Kasernen errichten. Spätere Generationen besiedelten den leerstehenden Palast und gründeten Split. Erhalten sind heute noch die Umfassungsmauern, Tore und das Peristyl, der ehemalige Empfangsraum. Ihn säumen einige römische Säulen, zwei Sphingen und die **Kathedrale Sv. Duje** (Juni–Sept., 8.00–20.00 Uhr, sonst kürzer), erbaut auf und um Diokletians Mausoleum. Ein kunstvoll geschnitztes, romanisches Portal führt in das Gotteshaus, das mit einer Arbeit von Juraj Dalmatinac (S. 91) glänzt: dem Relief »Geißelung Christi« (1448). Schräg gegenüber, versteckt in einer schmalen Gasse, fungiert der ehemalige

FINE DINING MIT KERZENLICHT

Die Autoren haben den romantischen Abend im Sterne-Restaurant Pelegrini wirklich genossen! Das Degustationsmenü: ungeahnte Geschmackssensationen. Die Weinauswahl: hervorragend. Und der Heiratsantrag: War doch schon vor Jahren! Schade eigentlich.

€€€€ Pelegrini
Šibenik, Jurja Dalmatinca 1, Tel. 022 21 37 01, www.pelegrini.hr

Jupiter-Tempel heute als Baptisterium mit antiker Kassettendecke (Sommer Mo.–Sa. 8.00 bis 19.00 Uhr, sonst kürzer). Das außergewöhnliche Werk des Bildhauers Ivan Meštrović (1883–1962) präsentiert die **Galerija Meštrović** **TOPZIEL** (Šetalište Ivana Meštrovića 46, Tel. 021 340800, www.mestrovic.hr, Di.–Sa. 9.00–17.00 Uhr) in der Villa des Künstlers. Meštrović selbst lebte nur kurz hier; nach dem Zweiten Weltkrieg emigrierte er in die USA. Seine monumentalen Skulpturen sind in Kroatien vielerorts vertreten.

HOTELS

Nostalgisch und komfortabel gibt sich das **€€-€€€ Kastel** 1700 (Mihovilova širina 5, Tel. 021 34 39 12, www.kastelsplit.com) im Palastareal. Original Römisches ist noch in einigen der sehr schicken Zimmer des **€€€ Vestibul Palace** (Iza Vestibula 4, Tel. 021 32 93 29, https://vestibulpalace.com) freigelegt.

Von Slime aus starten Rafting-Touren auf dem Cetina-Fluss.

RESTAURANTS

Das **€€€ Dvor** (Put Firula 14, Tel. 021 571513, auf Facebook) besitzt eine herrlich über dem Meer gelegene Terrasse. Berühmt ist seine kreative, saisonale Fischküche. Ivana und Nada Gamulin sind die guten Geister hinter der **€ Villa Spiza** (Kružićeva 3, Tel. 091 152 12 49). Mehr Bistrot als Restaurant zählt es dank seiner frischen Küche zu den Spliter Favoriten. Aus der Eisenpfanne Peka kommen die Lammspezialitäten des Restaurants **€€ Radmanove Mlinice** im Cetina-Tal (6 km östlich, Tel. 021 862073, nur im Sommer).

ERLEBEN

Zum Baden treffen sich die Spliter entweder an den Stränden um die **Marjan-Halbinsel** oder am Strand von **Bačvice** östlich der Altstadt. Abends geht es im **Stadtteil Varoš** **TOPZIEL** besonders hoch her.

UMGEBUNG

Die Altstadt von **Trogir** (30 km westlich) drängt sich auf einer von Meeresarmen umflossenen Insel; eine Steinbrücke führt hinüber zu dem von mächtigen Mauern und Stadttoren beschützten historischen Zentrum, das gesamt zum UNESCO-Weltkulturerbe zählt. Wie eine Theaterkulisse wirkt der zentrale Trg Ivana Pavla II mit Rektorenpalast (14. Jh.) und Loggia (15. Jh.), in der römische Säulen verbaut sind. Den Höhepunkt bildet die **Kathedrale Sv. Lovre** bzw. deren Radovan-Portal, ein bildhauerisches Meisterwerk der ausgehenden Romanik ist (Sommer: Mo.–Sa. 8.00 bis 20.00, So. 12.00–18.00 Uhr, Winter kürzer, Abb. S. 92).

26 km die Küste entlang nach Südosten schmiegt sich **Omiš** an ein Felsentor, das der Fluss Cetina auf geschaffen hat. An seinem Oberlauf organisieren verschiedene Veranstalter **Rafting-Touren** u.a. zum Ausflugslokal Radmanove Mlinice (z.B. Slap Travel in Slime, Tel. 091 5 16 40 37, https://www.hrslap.hr).

Dem vor kalten Winden schützenden Biokovo-Gebirge verdankt das 65 km entfernte **Makarska**, Mittelpunkt der gleichnamigen Riviera mit Orten wie Brela und Tučepi, sein mildes Klima. Und weil die Strände hier mit Kies, teils sogar Sand locken, ist Makarska ein beliebtes Badeziel.

INFORMATION

Tourist-Info Riva, Obala HNP 9, 21000 Split
Tel. 021 36 00 66, https://visitsplit.com

3 BRAČ

Mit knapp 400 km² ist Brač die drittgrößte kroatische Insel. Eine Autofähre verbindet Split mit dem Ort Supetar auf Brač.

SEHENSWERT

Wahrzeichen der Insel ist **Zlatni Rat**, das »Goldene Horn«. Diese eigenwillige Landzunge, die sich vom Städtchen Bol an der Südküste je nach vorherrschendem Wind und Strömung mal nach Ost, dann wieder nach West wendet, gilt als schönster Strand Kroatiens. Auf jeden Fall ist er der bekannteste und **Bol** das große Tourismuszentrum der Insel mit Hotelanlagen, Restaurants und breitem Freizeitangebot. Unter anderem steuern Bootsausflüge das westlich in einer steilen Schlucht gelegene **Kloster Blaca** aus dem 16. Jh. an. Sein Museum hütet kostbare glagolitische Schriften. Ein Stück bergauf und landeinwärts bewahrt das Museumsdorf **Škrip** Geschichte und Brauchtum der Insel (Sommer 9.00–19.00 Uhr). Im privaten Olivenölmuseum (Muzej uja) verkosten Besucher die Olivenöle der Familie Cubrov, dazu gibt's einen deftigen Aufschnitt mit Schinken und Käse (www.muzejuja.com, Sommer tgl. 9.00–20.00 Uhr).

HOTEL UND RESTAURANTS

Romantisch wohnen Sie auf Brač im **€€€€ Lemongarden** (Perića Kala 1, Sutivan, Tel. 021 66 00 62, www.lemongardenhotel.com) an der Uferpromenade. In der **€€ Ribarska kućica** (Ante Starčevića, Bol, Tel. 021 63 50 33, auf Facebook), das sehr idyllisch am Wasser liegt, werden traditionelle dalmatinische Gerichte zubereitet. In der **€€ Konoba Bokuncin** (Kralja Tomislava 26, Sutivan, Tel. 021 63 83 38, auf Facebook) sorgen Matea und Ela für einen frechen, innovativen Touch bei althergebrachten Rezepten.

ERLEBEN

Bol auf der Insel Brač gilt als einer der besten **Windsurf-Spots** Kroatiens. Ausrüstungsverleih und Kurse bei ZOO Station (Put Zlatnog Rata, Bol, https://zoo-station.com).

INFORMATION

TIC, Porat bolskih pomoraca bb (am Hafen)
21420 Bol, Tel. 021 63 56 38, www.bol.hr

4 HVAR

Die Insel Hvar (297 km², 11 000 Ew.) gilt als mondänste der kroatischen Küste, und am Yachthafen von Hvar-Stadt ist tatsächlich eine Yacht größer als die andere. Die Altstadt hingegen zeigt sich entspannt. Ihre Gassen klettern bis zur Festung Španjola, einem herrlichen Aussichtspunkt.

SEHENSWERT

Den Hauptplatz von **Hvar-Stadt**, Trg Sv. Stjepana, säumen Cafés und die Renaissancefassade der Basilika Sv. Stjepan. Die ehemalige Loggia ist heute Teil des Hotels »Palace Elisabeth«. Ihm gegenüber steht als Symbol der Herrschaft Venedigs das Arsenal, für Kriegsschiffe, im 14. Jh. erbaut. Auf seinem Dach errichteten die Hvarer 1612 ein hübsches Theater (Arsenal und Theater Sommer tgl. 9.00–21.00 Uhr). **Stari Grad** an der Nordküste gründeten griechische Kolonisten 384 v. Chr. und bestellten im Tal östlich des Ortes die Felder. Dieses als **Starigradsko Polje** bezeichnete Tal ist UNESCO-Weltkulturerbe, denn das antike System der Landaufteilung existiert nun schon seit 2400 Jahren. In Stari Grad lebte der kroatische Dichter Petar Hektorović (1487 bis 1572), und sein Schloss Tvrdalj (Mai–Okt. 10.00 bis 13.00, Juli/Aug. auch 17.00–20.00 Uhr) präsentiert mit eleganten Mauern und einem Fischteich, mit welchen Raffinessen man sich als reicher Bürger umgab.

HOTELS

Hvar ist berühmt für seine luxuriösen Boutique-Hotels. Eine zauberhafte Alternative bieten Chris und Amanda in ihrem kaum weniger komfortablen **€€ B&B Hidden House** (Duolnjo Kola 13, Stari Grad, Tel. 091 266 44 44, www.hidden-house.com) mit romantischen Suiten. Auf Vis zählt das **€€€ Sand Giorgio** (Petra Hektorovića 2, Vis-Stadt, Tel. 021 60 76 30, www.hotelsangiorgio-vis.com) zu den empfehlenswerten Häusern.

RESTAURANTS

Hvar ist ein Feinschmeckerdorado: Die **€€€ Konoba Maestro** (Jurja Novaka 12, Hvar-Stadt, Tel. 097 701 37 98, auf Facebook) steht für fangfrischen Fisch und sorgfältige Zubereitung und

Gute Adresse für einen Kaffee oder Aperitif: Frutarija Vis im Hauptort der Insel Vis.

Mit seinem kleinen Hafen und den bunten Häuschen bietet Hvar-Stadt ein nettes Bild.

liegt abseits der Haupt-Restaurantmeile. Das €€ **Antika** (Donja Kola 34, Stari Grad, Tel. 099 798 17 34, auf Facebook) besitzt eine hübsche Dachterrasse in Stari Grads Altstadt und kocht ebenfalls hervorragend.
Auf Vis speisen Sie unter Palmen im Garten der €€ **Villa Kaliopa** (Vladimira Nazora 34, Vis-Stadt, Tel. 091 271 17 55, https://villa-kaliopa.business.site/). Langusten zu bestellen ist fast Pflicht in der €€€ **Konoba Jastožera** (Ivana Gundulića 6, Komiža, Tel. 099 670 77 55, https://jastozera.eu/) Die wurden früher in den Becken unter der Terrasse frisch gehalten und gelten bis heute als die Spezialität des Hauses.

UMGEBUNG

Hvars Küste westlich vorgelagert ist die Insel **Vis** (knapp 90 km², 3500 Ew.). Griechen aus Syrakus gründeten hier 397 v. Chr. eine erste Kolonie. Später war Militär auf der Insel stationiert. Zeugnisse sind Schutzhöhlen, Abwehrstellungen, unterseeische U-Boot-Häfen, deren Besichtigung verschiedene Veranstalter als Abenteuertrip organisieren. Vis-Stadt ist ein beschaulicher Fährhafen mit kleiner archäologischer Ausgrabungsstätte (Rimske Terme, immer zugänglich) und imposanten Festungen. Bezaubernd schmiegt sich am östlichen Inselende Komiža an eine tiefe Bucht mit schönen Badestellen. Weitere, teils nur zu Fuß erreichbare Traum-Badebuchten sind Stiniva und Strebrena. Von Split verkehrt eine Personenfähre nach Vis (Fahrtdauer 2 Std.).

INFORMATION

Tourist-Info Hvar, Trg Sv. Stjepana 42, 21450 Hvar-Stadt, Tel. 021 74 10 59, https://visithvar.hr
Tourist-Info Vis, Šetalište Stare Isse 5, 21480 Vis-Stadt, Tel. 021 71 70 17, www.tz-vis.hr

WANDERUNG VON ŠIBENIK INS GRÜNE

Unter Bootsfahrern gilt die Passage durch den Kanal Sv. Ante zum Šibeniker Hafen als eine der schönsten an der kroatischen Adria. Wir nehmen den umgekehrten Weg.

Der Einstieg befindet sich ein Stück von der Hotelsiedlung Solaris entfernt. Wir folgen der reich gegliederten Küste, mal etwas oberhalb, dann wieder am Meer entlanggehend. Stetig westwärts gehend beobachten wir, wie Motorboote, Segelschiffe und Yachten ihre weiße Bahn ziehend auf Šibenik zustreben! Unterhalb des ersten Aussichtspunkts führen Stufen bergab zu der Höhlenkirche Sv. Anton, wo sich eine nette Badegelegenheit bietet. Nach weiteren 3,5 km, vorbei an Buchten und in den Fels gegrabenen Höhlen, stehen wir dann am Eingang des Kanals. Ein Damm führt hinüber zur Insel Školić, ein weiterer zur Festung, die wir leider nicht besichtigen dürfen – das ist nur im Rahmen einer geführten Exkursion erlaubt.

Die Wanderung am Kanal Sv. Ante führt zu schönen Aussichtspunkten – unterwegs gibt es gute Bademöglichkeiten.

Sie zählt mit anderen venezianischen Verteidigungsbauten zum UNESCO-Weltkulturerbe!

Eine kurze Pause oder ein Picknick, dann machen wir uns auf den Rückweg. Wer mag, kann den Ausflug ins Grüne zu einem rund 12 km langen Rundweg ausweiten.

Start- und Endpunkt: Parkplatz an der Bucht Panikovac, etwa 1,5 km entfernt von der Hotelsiedlung Solaris.
Länge: 4,5 km in eine Richtung, ca. 1 Std.
Ausrüstung: Stabile Schuhe, Badesachen, ausreichend Wasser.
Ausführliche Beschreibung: www.kanal-svetog-ante.com
Rundtour: ca. 12 km, www.alltrails.com/de/explore/recording/kanal-sv-ante-sibenik

DB 1513

*

EIN PARADIES AUF ERDEN?

*

Ein eingebürgerter Chinareisender, eine Stadt wie aus dem Fantasyfilm und für manche ein »Paradies auf Erden« sowie Weine in besten Lagen – das sind die Elemente, die im südlichen Dalmatien spannende historische Einblicke und beste Aussichten versprechen.

Bis weit ins 17. Jh. hinein war Dubrovnik – damals noch Ragusa – eine bedeutende Seemacht und unterhielt eine Flotte von 200–300 Schiffen. Heute nutzen Fischerboote und Yachten den Hafen.

Der Moreška-Säbeltanz ist heute ein farbenfrohes Sommerspektakel in der Altstadt von Korčula. Verfeindete Ritter ringen dabei um die Gunst einer jungen Frau.

Museum im Geburtshaus von Marco Polo in Korčula-Stadt: Nur ein Werbegag – oder wurde er wirklich hier geboren?

Ulica Depolo steht auf dem Straßenschild, also »Polo-Straße«. Wir biegen rechts ab und stehen vor einem wuchtigen Turm, der die Altstadthäuser überragt. Wie das Anwesen daneben prägt ihn die Übergangsarchitektur von der Gotik zur Renaissance. Das also soll es sein, das Geburtshaus des Marco Polo, der im 13./14. Jh. mit dem Bericht über seine Chinareise entlang der Seidenstraße Europa elektrisierte. 1298 in der Seeschlacht von Curzola von Genuesen gefangengenommen, diktierte er einem Mitgefangenen seine Geschichte, die unter diversen Titeln, am bekanntesten ist »Il Milione«, weite Verbreitung fand.

EINE LANZE FÜR MARKO POLO

»Interessieren sie sich für Marco Polo?« Ein älterer, distinguierter Herr spricht uns in perfektem Deutsch an. Ja, antworten wir, und wir fragen uns,

> **»ICH HABE NICHT DIE HÄLFTE VON DEM ERZÄHLT, WAS ICH GESEHEN HABE, WEIL KEINER MIR GEGLAUBT HÄTTE.«**
>
> Angeblich die letzten Worte Marco Polos am 8. Januar 1324

warum bitte ausgerechnet Korčula? Er war doch Venezianer ... »Korčula war damals venezianisch« erläutert der Herr, der sich als Goran vorstellt, »und die Seeschlacht von Cuzola fand hier vor der Insel statt. Den Familiennamen De Polo oder Depolo gibt es auf Korčula bis heute! Und sehen Sie diesen Turm – wer sonst als eine reiche Kaufmannsfamilie hätte das gebaut. Von oben konnten die De Polos ihre Schiffe in den Hafen einfahren sehen.« Herr Goran mag recht haben oder nicht. Die Legende von Marco Polos Korčulaner Herkunft ist auf jeden Fall ein gelungener PR-Coup der lokalen Tourismusgemeinschaft und hat dazu geführt, dass es in Korčula-Stadt ein etwas bizarres Museum gibt, das Polos Leben in Kitsch-Dioramen einfängt, und ein weiteres, das erst kürzlich eröffnet wurde. Untergebracht in dem sorgfältig restaurierten »Geburtshaus« wirft es einen etwas differenzierteren Blick auf die Geschichte und vermittelt Interessantes über Marco Polo.

Das Revelin-Tor bildet den Zugang zur Altstadt von Korčula (links), die sich auch am Abend sehr malerisch zeigt (unten).

Unterwegs in den Gassen von Korčula-Stadt (links). Von der Stadtmauer schweift der Blick über Korčulas Hafen (oben).

Surfer vor der Küste der Halbinsel Pelješac. Ganz im Westen ist Kučište ein Hotspot für Surfer und Kiter.

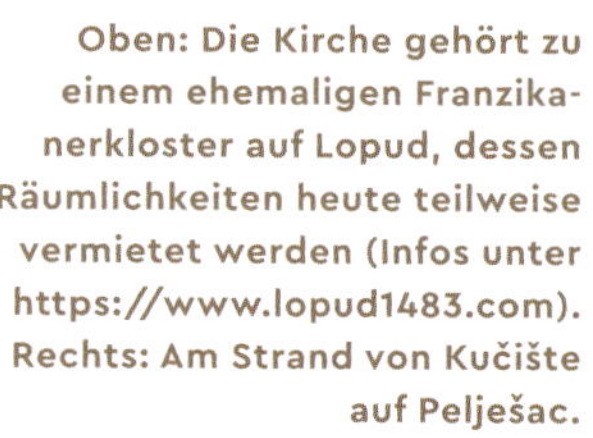

Oben: Die Kirche gehört zu einem ehemaligen Franzikanerkloster auf Lopud, dessen Räumlichkeiten heute teilweise vermietet werden (Infos unter https://www.lopud1483.com). Rechts: Am Strand von Kučište auf Pelješac.

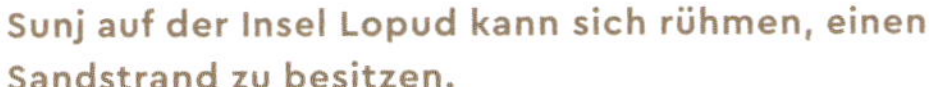

Sunj auf der Insel Lopud kann sich rühmen, einen Sandstrand zu besitzen.

Austernzucht an der Küste vor Mali Ston.

GEFÄHRLICHE NÄHE

Für Konfliktstoff sorgte die Rivalität zwischen Ragusa und Venedig. Von seinem Turm hätte Marco Polo auf die Halbinsel Pelješac gegenüber sehen können, und spätestens seine Nachfahren hätten sich grün und blau geärgert angesichts des Schiffsverkehrs im Hafen von Orebić, der im 16. Jh. als bedeutendster Umschlagplatz der Kaufleute von Ragusa fungierte. Hier, in der Wasserstraße zwischen Korčula und Pelješac, stießen die Interessenssphären Venedigs, das über die nördliche Küste bis Korčula herrschte, und Ragusas, das sich Pelješac und alles südlich davon einverleibt hatte, aneinander. Türkische Handelsfahrer landeten in Orebić kostbare asiatische Güter für die Ragusaner Kaufleute an. Erzfeind Venedig musste von Korčula aus tatenlos zusehen. Und zudem dulden, dass seine Aktivitäten von Ragusa genau beobachtet wurden. Die Franziskanermönche im Kloster hoch über Orebić waren in Wirklichkeit Spione.

ÜBER DEN WEIN

Ein fantastischer Aussichtspunkt ist es heute noch. Das Städtchen Korčula gegenüber wirkt wie eine Puppenstube, und während Ana von dem rustikalen Restaurant »Panorama« neben dem Kloster kühlen Grk-Wein einschenkt und eine Platte mit feinem pršut (Schinken) und sir (Käse) auf den Tisch stellt, verfolgen wir, wie die bunten Segel der Windsurfer tief unten übers Wasser fliegen. Eine Fähre der Jadrolinija läuft in Korčulas Hafen ein, eine andere startet in Orebić. Hinter uns erstreckt sich dunkel bewaldet der Bergrücken, der Pelješac längs in zwei Hälften teilt und auf unserer, dem Süden zugeneigten Seite, an seinen steilen Hängen wunderbare Weine hervorbringt. Trstenik, Potomje und Dingač heißen die Dörfer, die Weinliebhabern als Mekka eben jenes Dingač oder des Pelješac gelten. Die Lagen sind teilweise so steil, dass nur mit Seil gesichert geerntet werden kann. Gelesen wird spät, die Beeren sind dann übersüß. Durch moderne Herstellungsmethoden haben die daraus gekelterten, schweren Weine Eleganz gewonnen. Besonders erfolgreich ist ein in die USA emigrierter und schließlich heimgekehrter Winzer, Miljenko Grgić oder auch Mike Grgich, wie er sich im kalifornischen Napa Valley nennt. Inzwischen haben Tochter und Schwiegersohn das Weingut bei Trstenik übernommen.

DIE KROATISCHE MAUER

Hat man Pelješac von Orebić kommend auf den gesamten 70 km Länge durchquert, bietet sich an der schmalen Enge zum Festland ein erstaunliches Bild: Mauern und Türme ziehen eine doppelte, steingraue Linie über einen kargen Bergrücken, umrunden zu dessen Füßen den Ort Veliki Ston und unterhalb der Nordostflanke die Schwestersiedlung Mali Ston und deren Hafen. Mitte des 14. Jh.s waren die 7 km langen Festungsmauern ein Unikum in Europa. Ragusa ließ sie errichten, um die 1333 erworbene Halbinsel Pelješac, besonders aber deren Salinen, gegen Angriffe zu schützen, übrigens auch vor der eigenen Bevölkerung. Die Stadtrepublik kolonisierte die Halbinsel, indem sie den angestammten Bewohnern das

Dubrovniks Festungswall ist begehbar. Bei einem Rundgang bieten sich immer wieder spektakuläre Ausblicke (oben und unten rechts).

Der ideale Platz für Sonnenuntergang mit Sundowner: die Buža Bar unterhalb von Dubrovniks südlicher Festungsmauer (rechts).

Land weg- und Ragusaner Siedlern übergab. Unmut und Aufstände blieben nicht aus.

VIELER HERREN DIENER

Die »Perle der Adria«, Dubrovnik/Ragusa, war in ihrer Geschichte also gar nicht so zimperlich, wenn es um die Durchsetzung ihrer vermeintlichen Rechte ging. Obwohl die Stadtrepublik selbst verschiedenen Mächten untertan gewesen war und der Zeitraum ihrer politischen Eigenständigkeit auf 450 Jahre zwischen 1358 und 1808 eingegrenzt werden kann, gelang es ihr durch geschicktes Verhandeln und Taktieren, auch unter venezianischer, ungarischer und Habsburger Fuchtel, ihr eigenes Ding zu drehen und die Großmächte gegeneinander aufzubringen. Das »Spiel der Throne« verlor Dubrovnik nicht oft. Umso härter war es für die stolzen Bewohner, als sie ihrem bittersten Feind Widerstand leisteten, dem sich auflösenden Jugoslawien.

»WENN DU DAS PARADIES AUF ERDEN SEHEN MÖCHTEST, KOMM NACH DUBROVNIK.«

Konstatierte der irische Dramatiker George Bernard Shaw (1856–1950).

CHRONIK EINES KRIEGES

Kroatien hatte seine Unabhängigkeit erklärt, die das serbisch dominierte, jugoslawische Militär nicht akzeptierte. Zwischen Ende November 1991 und dem 1. Juni 1992 hagelten mehrere tausend Granaten auf die historische Altstadt, die unzählige Brände entfachten. 114 Zivilisten fielen der Belagerung zum Opfer; Sponzapalast, Franziskaner- und Dominikanerkloster wurden schwer beschädigt, die Synagoge wie auch Dubrovniks Moschee zerstört. Der Wiederaufbau dauerte Jahre. Heute erinnern bestenfalls die in frischem Rot gedeckten Hausdächer der Altstadt an die Wunden des Krieges. Im Sponzapalast gedenkt eine Ausstellung der Gefallenen, und die Galerie War Photo Limited zeigt preisgekrönte Fotografien von Kriegen weltweit. Man erzählt sich übrigens eine

Wer die vielen Stufen dieser Gasse (rechts) hinabgeht, gelangt von der Station der Cable Car zu Dubrovniks »Hauptstraße« Stradun (unten).

Zum romanisch-gotischen Franziskanerkloster gehört ein hübscher Kreuzgang.

Paläste, prächtige Kirchen und Restaurants wie das Vjesnik prägen Dubrovniks Zentrum.

Wer Sushi liebt, ist im Bota Sare richtig.

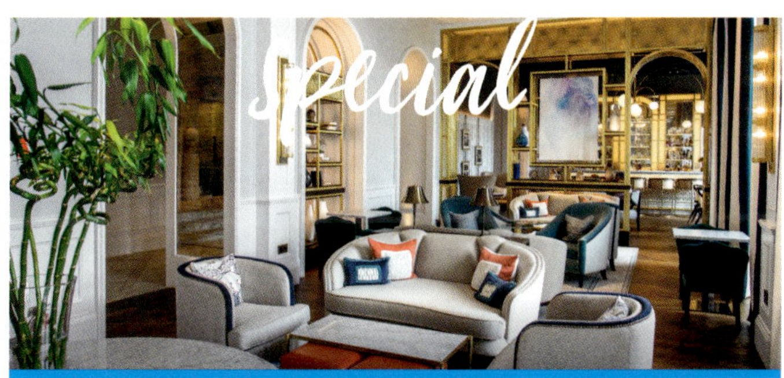

HOTEL MIT ERINNERUNGEN

So nennen die Dubrovniker das Luxushotel »Imperial«, das heute zur Hilton-Gruppe gehört. Kaum vorstellbar, dass es Ende des 19. Jh.s einen eklatanten Mangel an standesgemäßen Unterkünften in Dubrovnik gab. Der Direktor des Österreichischen Lloyd bat im November 1893 Dubrovniks Bürgermeister, ein komfortables Haus errichten zu dürfen. Im Juni 1895 setzte Architekt Ludwig Tischler den ersten Spatenstich, am 29. Januar 1897 wurde die Eröffnung des »Imperial« gefeiert. Prominente Gäste gaben sich in den folgenden Jahren die Klinke in die Hand. Während der serbisch-montenegrinischen Belagerung wurden Flüchtlinge in dem Gebäude untergebracht. Nach der Unabhängigkeit Kroatiens wurde das Hotel privatisiert; die Hotelgruppe Hilton übernahm das Management und machte es 2020 mit einer gründlichen Modernisierung zu einem der ersten Häuser am Platz (€€€€ Hilton Imperial Dubrovnik, Marjana Blažica 2, Tel. 020 32 03 20, www.hilton.com).

der bewegendsten Szenen, die für die Game-of-Thrones-Saga in Dubrovnik gedreht wurde, sei der »Weg der Schande« gewesen, bei dem die nackte Königin Cersei durch die Straßen der Altstadt getrieben wurde. Die Dubrovniker Statisten hätten in dieser Episode besonders authentisch agiert: Shame, Schande, rufend hätten sie sich vorgestellt, ihre serbischen Belagerer vor sich zu haben.

OVERTOURISM AUCH HIER?

Es wäre wohl auch ohne »Game of Thrones« so gekommen, aber die Fantasyserie hat Dubrovnik zur Legende werden lassen. Das nimmt heftige Auswüchse an: Bei gefühlten 40°C schleppen die auf GoT-Touren spezialisierten Guides den Serienslogan »Winter is coming« rufend eine Fangruppe nach der anderen auf die Stadtmauer. Es wurden schon an einem einzigen Tag mehr als 10 000 Tickets verkauft, auf der Mauer ist dann kein Vorankommen mehr. Für weitere Besucherströme sorgen die Kreuzfahrtschiffe, mehr als 500 pro Jahr legten in Vor-Corona-Zeiten in Dubrovniks Hafen Gruž an, an mehreren Tagen ließ der Bürgermeister die Stadttore wegen Überfüllung der Altstadt schließen. Und die UNESCO drohte mit der Aberkennung des Welterbestatus. Dann kam Corona. 2021 spazierten wir fast alleine die Placa entlang, genossen entspannt einen Sprizz in der Buža-Bar, besichtigten ungestört Rektorenpalast und Dominikanerkloster. Dubrovnik kann so schön sein – außerhalb der Saison. Und vergessen Sie nicht Ragusas Außenposten: Der Adel baute fantastische Villen im Umland.

Locations für den Sundowner

WENN DIE SONNE VERSINKT ...

Muss der perfekte Ort für den Sundowner neben Panorama und Drinks auch den Blick auf den Sonnenuntergang bieten? Nicht unbedingt! Manchmal ist das indirekte Lichtspiel schöner als der in die Adria taumelnde, rote Ball. Die kroatische Küste besitzt unzählige, herrliche Aussichtspunkte, vidikovac genannt.

SCHAMPUS AUF FELSEN

Einen gewissen Hang zu plüschigem Luxus besaß diese Cocktail-Bar von Anfang an. Bei der Eröffnung 1989 lagen ein paar Kissen und Puffs auf den Küstenfelsen, heute ist Valentino ein recht edles Lokal und DIE Sundowner-Location Rovinjs, wenn nicht gar der kroatischen Küste. Man hört das Plätschern der Wellen, sieht den Horizont erröten, nippt an einem Glas Champagner (die Bar ist stolzer Moët & Chandon Hotspot) und träumt sich ... ja wohin? Man ist doch bereits am coolsten Ort der Welt!

Valentino Cocktail & Champagne Bar, Ul. Sv. Križa 28, Rovinj, Tel. 052 83 06 83, www.valentino-rovinj.com, Sommer tgl. 18.00–1.00 Uhr

GRUSS AN DIE SONNE

Tagsüber sieht der »Gruß an die Sonne« aus wie ein aus unerfindlichen Gründen in Zadars Uferpromenade Riva eingelassener Kreis aus dunklem Glas. Tatsächlich handelt es sich um Sonnenkollektoren, die das rätselhafte Ding mit der Energie laden. Abends, wenn die Sonne im Begriff ist, in der Adria zu verschwinden, entzündet diese Energie ein Feuerwerk von Farben. Wie das Ganze technisch funktioniert ist egal; der »Gruß« setzt dem angeblich schönsten Sonnenuntergang der Welt ein durchaus konkurrenzfähiges Lichtspiel entgegen, das die Menschen durch Hüpfen, Sitzen, Herumlaufen aktivieren. Einfach fantastisch!

Pozdrav suncu, Gruß an die Sonne, Riva/Hafen an der Westspitze der Altstadt-Halbinsel von Zadar

3

AUSSICHTSPUNKT MIT SUCHTPOTENZIAL

Den Aussichtspunkt (vidikovac) auf dem Gipfel des Hügels Kamenjak (250 m) kann man vom Vrana-See aus erwandern oder aber man fährt mit dem Auto hinauf. Eine Konoba reicht einfache Speisen und Erfrischungen, aber das Sensationelle ist das Panorama: Über den Vrana-See hinweg auf die wie weiß-grüne Felstropfen im Türkisblau der Adria neben und hintereinander drapierten Inselchen, Buchten, Landzungen, an klaren Tagen sogar auf die Kornaten. Und über dieser ohnehin schon fantastischen Szenerie versinkt die Sonne. Mehr muss man nicht wissen.

Vidikovac Kamenjak, zu erreichen von Pirovac (15 km) oder Pakostane (19 km), Eintritt in den Naturpark Vransko jezero 25 Kn, Konoba Kamenjak auf Facebook

EIN PALAST LEUCHTET

Vorweg damit niemand enttäuscht ist: Den Sonnenuntergang sehen Sie von diesem beliebten Panoramacafé am Marjan-Hügel von Split nicht. Die Terrasse geht nach Osten, und der Blick fliegt über die dicht gedrängten Häuser der Altstadt. Das Viereck des Diokletianspalastes ist deutlich zu erkennen, die Kirchtürme stechen wie Ausrufezeichen in den immer matter werdenden Himmel, und kurz bevor die Sonne hinter dem Marjan versinkt, lässt sie die historischen Mauern golden erstrahlen. Ein magischer Moment!

Teraca Vidilica, Prolaz Vladimira Nazora 1, Split, Tel. 099 788 84 82, auf Facebook

AUF MARCO POLOS SPUREN

Es heißt, Marco Polo sei auf Korčula geboren. Wenn das stimmt, hätte er wahrscheinlich viel Zeit auf diesem runden Wehrturm verbracht, den Horizont absuchend nach den Handelsschiffen seines Vaters. Heute genießen die Gäste der Massimo-Bar hier oben fein gemixte Drinks, leise Lounge-Musik und den Moment, in dem sich die Sonne hinter den wehrhaften Zinnen verabschiedet und in Korčulas Altstadt zu Füßen des Turms die Lichter angehen. Nur nicht zu tief ins Glas geguckt – der Weg hinunter führt über eine Leiter!

Cocktail Bar Massimo, Šetalište Petra Kanavelića, Korčula, Tel. 099 214 45 68, https://cocktail-bar-massimo.business.site/

DAS IST KULT

Kann man den Weg zu einer hinter der Stadtmauer verborgenen Bar cooler beschreiben als mit dem Schild »Cold Drinks«? An einem heißen Sommertag fühlt sich doch jeder davon unwiderstehlich angezogen! Ähnlich wie das Valentino in Rovinj begann Dubrovniks Buža Bar mit ein paar Kissen auf den Küstenfelsen; ein kleiner Durchlass in der Stadtmauer führte an diesen »geheimen« Ort für den Sundowner. Inzwischen gibt's zwei Buža Bars, einige Nachahmer und Tische und Stühle, aber das Original ist und bleibt Kult. Die Sonne geht übrigens etwas um die Ecke unter – aber das stört nicht weiter.

Buža Bar, Crijevićeva ulica 9, Tel. 098 36 19 34, Dubrovnik, https://buza-bar.business.site/

Hvar
Korčula
Pelješac
Mljet
Lastovo
ŠIPAN
DUBROVNIK
Lokrum
LJUBUŠKI
STOLAC
BOSNA I HERCEGOVINA
Neretljanski kanal
Lastovski kanal
Mljetski kanal
Malostonski kanal
Koločepski kanal
Šćedrovski kanal
Malo more
Park prirode Lastovo
Nacionalni park Mljet
Lastovci
Vrhovnjaci
Donji Školji
Ploče
Metković
Čapljina
Neum
Ston
Mali Ston
Orebić
Trpanj
Vela Luka
Blato
Makarska
Gradac
Slano
Lopud
Koločep
Maßstab 1:400.000
0
10km

WEINREBEN, SALZGÄRTEN UND AUSTERN

Im Schatten des alles überstrahlenden Dubrovnik, das gemeinhin als »Perle der Adria« gilt, ist es nicht leicht, zu bestehen. Doch die malerische Insel Korčula wie auch die Halbinsel Pelješac verschaffen sich mit Charme und Genüssen Geltung.

1 PELJEŠAC

Mit 66 km Länge und maximal 7 km Breite greift die Halbinsel von ihrer schmalen Landverbindung bei Ston weit nach Nordwesten in die Adria. Die von einem bis zu 961 m (Sv. Ilija) hohen Bergrücken durchzogene Halbinsel bringt einen der bekanntesten kroatischen Weine hervor, den Pelješac.

Im 15. Jh. befestigte Dubrovnik seinen Einflussbereich bei Mali und Veli Ston mit einer über 5 km langen Wehrmauer.

SEHENSWERT

Die bedeutendste Attraktion begrüßt Reisende gleich an der Landenge bei dem Doppelstädtchen **Mali** (Klein) und **Veli** (Groß) **Ston**: Die Stadtrepublik Ragusa, heute Dubrovnik, befestigte die nördliche Grenze ihres Einflussbereiches gegen die Konkurrentin Venedig mit einer über 5 km langen Wehrmauer. Zwischen 1461 und 1464 verantwortete der Florentiner Architekt Michelozzo (1396–1472) den Bau des Bollwerks, das er mit mehreren Festungen, zehn runden, 31 quadratischen und sechs halbrunden Bastionen verstärkte. Ein Teilstück mit steilem Anstieg kann begangen werden (www.ston.hr, Juni, Juli tgl. 8.00–19.30 Uhr, sonst kürzer). Ragusa schützte mit der Mauer nicht nur seine Nordgrenze sondern auch die bedeutenden **Salinen von Ston**, in denen noch heute Salz und Salzblüte (cvijet soli) gewonnen werden. Ein kleines Museum erläutert Geschichte und Arbeitstechniken (www.solanaston, Sommer tgl. 7.00–19.00 Uhr). Berühmt ist Ston auch für seine **Austernbänke**. An Ständen oder in Restaurants bekommt man sie frisch aus dem Meer.

Trstenik, **Dingač** und **Potomje** an der Südküste zählen zu den besten (und steilsten) Anbaugebieten für Pelješac-Weine. In den dort ansässigen Kellereien wie Grgić Vina (Trstenik 78, Tel. 020 74 80 90, www.grgic-vina.com, tgl. 9.00 bis 19.00 Uhr) können Besucher Weine verkosten und kaufen. Zwischen den Dörfern verführen idyllische Buchten zu einem Sprung ins Wasser. Aus **Orebić** an der Südwestküste (und aus Korčula gegenüber) stammten viele berühmte Kapitäne. Ihre stolzen Häuser bezeugen noch heute den Wohlstand, den Handel und Schifffahrt einbrachten. Wie ein Adlernest thront das im 15. Jh. erbaute Franziskanerkloster (Mo.–Sa. 9.00–12.00 und 16.00–19.00 Uhr) über dem Ort – mit herrlichem Panoramablick und der aussichtsreichen Konoba Panorama (s. Restaurants) gegenüber. Heute lebt der Ort vom Tourismus, denn der Korčulanski kanal zwischen Pelješac und Korčula gilt als eines der besten Windsurfreviere Kroatiens.

HOTELS

Komfortabel logieren Gäste im **€€ Ostrea** (Obala dr. Ante Starčevića 9, Mali Ston, Tel. 020 75 45 55, auf Facebook). Zum Hotel gehört das Restaurant **€€ Kapetanova kuća**. In Orebić verbindet die **€€€ Villa Korta Katarina** (Ulica bana Josipa Jelačića 3, Tel. 099 525 79 55, www.kortakatarina.com) luxuriöses Ambiente und feine Weine, denn das Haus ist im Besitz einer renommierten Kellerei.

Rohen Fisch gibt es nicht nur in Dubrovnik in hervorragender Qualität ...

An der Südküste von Pelješac, hier bei Dingač, reifen die Trauben an steilen Hängen.

RESTAURANTS

Dank der familieneigenen Austernfarm sind die im Restaurant **€€€ Bota Šare** servierten Mollusken, aber auch alle anderen Fischgerichte von tadelloser Frische (Mali Ston bb, Tel. 020 75 44 82, auf Facebook). Hübsch am Meer speist man im **€€ Stari kapetan** (Hotel Adriatic, Orebić, Tel. 020 71 44 88, www.hoteladriaticorebic.com). In der **€€ Konoba Panorama** (gegenüber Orebić' Franziskanerkloster, Tel. 020 71 41 70) zählt wie der Name sagt das Panorama – die Qualität des Essens schwankt.

EINKAUFEN

Salzblüte und Meersalz stehen im Laden der Solana Ston (s.o.) zum Verkauf. **Weine** der Traube Plavac Mali keltern die Kellereien auf der Halbinsel Pelješac unter den Namen Pelješac, Dingač oder Plavac. Die Bandbreite reicht vom einfachen Tischwein zum in Barrique ausgebauten Dingač (www.grgic-vina.com).

ERLEBEN

Das Örtchen Viganj ist Pelješac' **Wind- und Kitesurf-Mekka**. Hier sind mehrere Surfschulen ansässig, darunter Liberansurf (Kućište, Viganj, Tel. 091 617 16 66, https://liberansurf.eu).

INFORMATION

TZO, Ul. kralja Tomislava 1, 20230 Ston
Tel. 020 75 44 52, www.ston.hr
TZO, Zrinsko Frankopanska 2, 20250 Orebić
Tel. 020 71 37 18, www.visitorebic-croatia.hr

Wie das benachbarte Pelješac lebt die Insel von Wein und Tourismus, in diesem Fall von dem berühmten weißen Grk. Die putzige Inselhauptstadt wird gerne als Mini-Venedig gepriesen. Venezianische Architektur hat sich bestens erhalten, so wie die Überlieferung, Marco Polo sei hier geboren.

SEHENSWERT

Eine steile Treppe und Brücke führen zum Landtor mit dem Relief des Markuslöwen aus dem 15. Jh. und in **Korčulas Altstadt**. Durch den Festungsturm Revelin und vorbei an einer malerischen Piazza mit barockem Rathaus und Renaissanceloggia gelangt man ein Stück bergauf zum zentralen Trg Sv. Marka, dem Markusplatz. Er ist ein bezauberndes Ensemble venezianischer Gotik, die bereits erste Elemente der Renaissance bereichern. Besonders der Bischofspalast und die palača Gabrieli (heute Stadtmuseum, Sommer tgl. 9.00–21.00 Uhr, sonst kürzer) stehen für diesen Mischstil, und in der Kathedrale Sv. Marka (Sommer tgl. 9.00–21.00 Uhr, sonst kürzer) manifestiert er sich besonders deutlich – hochgotisch das Portal, Renaissance und Barock im Inneren. Den Altar schmückt ein früher Tintoretto (um 1550). Eine Quergasse weiter, in der ulica Depolo, steht das angebliche Geburtshaus von Marco Polo, mittlerweile ein Museum für den berühmtesten Reisenden des Mittelalters. Mit virtuellen Elementen erläutert es, warum Marco Polo ein Sohn Korčulas sein soll.

Das neue Marco-Polo-Museum in Korčula-Stadt, eingerichtet in seinem »Geburtshaus«.

Lohnende Abstecher führen nach **Lumbarda**, dem Mittelpunkt des Grk-Anbaugebiets, und nach **Pupnatska Luka** mit einer der schönsten Kiesbuchten im Süden. Eingerahmt vom Grün der Pinienwälder mag man den Strand gar nicht mehr verlassen.

HOTELS

Direkt am Yachthafen wohnen Sie im historischen **€€ Korčula Heritage Hotel** in modern gestylten, komfortablen Zimmern (Obala Franje Tuđmana 5, Tel. 020 72 63 36, www.aminess.com). Die Apartments im **€€€ ECO-Hotel Dreamers's Club** sind todschick und mit nachhaltigen Materialien eingerichtet (Lumbarda 78, Tel. 041 80 66 08, www.adriaticpearls.com).

RESTAURANTS

Steht der Sinn nach einem außergewöhnlichen Gourmet-Erlebnis? Das **€€€ LD Restaurant** in Korčula-Stadt (Don Pavla Poše 1–6, Tel. 020 60 17 26, www.ldrestaurant.com) begeistert mit perfekt ausbalancierter, mediterran-asiatischer Küche und trägt einen Michelin-Stern. Bunt und sympathisch lädt die Terrasse der **€€ Konoba Aterina** (Trg korčulanskih klesara i kipara 2, Tel. 091 986 18 56, auf Facebook) zum Schlemmen ein – und das mit gutem Gewissen, denn die meisten Gerichte sind aus Bio- oder regionalen Zutaten komponiert.

EINKAUFEN

Ein **Grk Rosé** zählt zu den ungewöhnlicheren Weinen aus der Region Lumbarda. Bei Vitis (Lumbarda 278, Tel. 091 927 90 27, https://vitis-winery.business.site) lohnen sich Verkostung und Kauf.

ERLEBEN

Die historischen **Schwerttänze** Moreška und Kumpanija erinnern an die Kämpfe mit den Osmanen und werden in den Sommermonaten regelmäßig in Korčula-Stadt bzw. Pupnat, Lumbarda und Blato aufgeführt.

INFORMATION

TZG, Trg 19. travnja 1921, 20260 Korčula
Tel. 020 71 57 01, www.visitkorcula.eu

Dass die Stadt (42 000 Ew.) im Grunde aus zwei Teilen – einem auf dem Festland, dem anderen auf einer vorgelagerten Insel – besteht, ist heute nicht mehr kenntlich. Römischstämmige Flüchtlinge aus dem 15 km südlich gelegenen Epidaurum (heute Cavtat) gründeten um das 7. Jh. Ragusa auf einem Eiland; gegenüber siedelten sich Slawen in Dubrava an. Der im 11. Jh. zugeschüttete Kanal bildet heute die zentrale Stadtachse Stradun. Anfangs Byzanz und später Venedig untertan, emanzipierte sich Ragusa im 14. Jh. als eigenständige Stadtrepublik und größte Konkurrentin Venedigs. Nach der Auflösung Jugoslawiens belagerten serbisch-montenegrinische Truppen 1991 fast ein Jahr lang die Stadt und zerstörten zahlreiche Gebäude in der historischen **Altstadt TOPZIEL**. Nach dem Wiederaufbau erlebte die »Perle der Adria« einen Touristenboom, nicht zuletzt befeuert durch die Fantasyserie »Game of Thrones«, die zu großen Teilen in Dubrovnik gedreht wurde. Dubrovnik zählt seit 1979 zum UNESCO-Weltkulturerbe.

SEHENSWERT

Dubrovnik ist eingerahmt von 1940 m langen **Stadtmauern TOPZIEL** mit Toren, Türmen, Bastionen und Festungen, die im 15./16. Jh. von den berühmtesten Baumeistern der Ära (Dalmatinac, Michelozzo) errichtet wurden. Rund eineinhalb Stunden dauert der gemächliche Rundgang (Zugang u.a. am Pile-Tor, Sommer 8.00–19.00 Uhr, sonst kürzer, www.wallsofdubrovnik.com). Stadtpatron Sv. Vlaho wacht am **Pile-Tor** am westlichen Stadteingang über die Besucher. Den Platz dahinter schmücken der **Große Onofrio-Brunnen**, 1438 zur Wasserversorgung errichtet, und das **Franziskanerkloster** (14. Jh.) mit einem stillen spätromanischen Kreuzgang und einer der ältesten Apotheken Europas von 1317 (Placa 2, April–Okt., tgl. 9.00–18.00 Uhr, sonst kürzer). Gesäumt von Häusern in einheitlicher Fassadenarchitektur verläuft die Hauptstraße **Stradun** (auch Placa) durch die Altstadt. Ihr Aussehen erhielt sie nach einem vernichtenden Erdbeben 1667. Ihr östliches Ende markiert der **trg Luža** mit gleich mehreren imposanten Gebäuden aus dem 15. Jh.: der namensgebenden **Luža** (Stadtwache) mit Uhrturm, dem Kleinen Onofrio-Brunnen, der Rolandssäule (Orlandov stup) mit dem Mast für die Flagge Ragusas und dem eleganten **Sponza-Palast** (15./16. Jh.), der ehemaligen »Handelskammer«. Gegenüber beherrscht die hochbarocke **Kirche Sv. Vlaho** des Stadtpatrons Blasius den Platz. Seine aus Silber getriebene Statue schmückt den Altar. Südlich schließt der **Rektorenpalast** (s. Museen) an.

MUSEEN

Ragusas »Rektoren« waren nur für jeweils einen Monat gewählt und durften in dieser Zeit den **Rektorenpalast** nicht verlassen. Vom Patio gelangt man in die Gefängniszellen; über eine elegante barocke Treppe in die Amts- und Wohnräume der Rektoren (www.dumus.hr, Sommer Do.–Di. 9.00–18.00 Uhr, sonst kürzer). Highlight des **Dominikanerklosters** ist sein Kreuzgang im Mischstil von Gotik und Renaissance; die Sammlung Ragusaner Maler des 15./16. Jh.s besitzt u.a. ein Triptychon von Nikola Božidarević (www.tzdubrovnik.hr, Sommer 9.00–18.00, Winter bis 17.00 Uhr), auf dem Sv. Vlaho ein Modell Ragusas in Händen hält.

HOTELS

Am Puls der Stadt und zugleich ruhig und sehr komfortabel wohnt man im **€€€ Hilton Imperial** (s. Special S. 107). Ein Hostel in den Altstadtgassen gefällig? Dann ist das **€-€€ Old Town Hostel** mit Zwei- und Mehrbettzimmern das Richtige (Ul. od Sigurate 7, Tel. 020 32 20 07, www.

BADEN MIT FLAIR

Šulić-Beach, Dubrovniks In-Strand zu Füßen der Lovrijenac-Festung, hat uns Fremdenführerin Indira Stanić empfohlen. Oberhalb der winzigen Kiesbucht stapeln sich die Beach-Bars wie Bauklötzchen. Man kann SUP-Bretter und Kajaks leihen oder einfach nur im Meer schwimmen, eingerahmt von den imposanten Bollwerken Dubrovniks.

Dubrovnik: Blick aus einem Fenster des Hotels Imperial auf die Festung Lovrijenac.

dubrovnikoldtownhostel.com). Ebenfalls im Herzen der Altstadt und sehr elegant sind die vier Zimmer des €€€ **The Byron Dubrovnik** (s. S. 115).

RESTAURANTS
Feinschmecker und Romantiker treffen sich auf der Terrasse des **Restaurants 360** – der Name sagt alles, und Michelin vergab einen Stern (Sv. Dominika bb, Tel. 020 32 22 22, https://360dubrovnik.com). Nicht typisch kroatisch, sondern aus dem nahen Bosnien sind die orientalisch inspirierten Gerichte im €€ **Taj Mahal** (Nike Gutečića 2, Tel. 020 32 32 21, https://tajmahal-dubrovnik.com). Beste vegetarische und vegane Küche präsentiert das €€ **Nishta** (Prijeko bb, Tel. 020 32 20 88, www.nishtarestaurant.com).

EINKAUFEN
Dubrovnik Treasures (Celestina Medovića 2) verkauft **Schmuck** nach traditionellen Ragusaner Vorbildern. **Kulinarische Schätze** wie kandierte Bitterorangen gibt es bei Dubrovačka kuća (Sv. Dominika bb).

ERLEBEN
Eine Fahrt mit der **Seilbahn Žičara** auf den Berg Srđ belohnt mit einem einmaligen Panorama (Petra Krešimira IV bb, Tel. 020 32 53 93, www.dubrovnikcablecar.com).

UMGEBUNG
Das Paradies an steilem Hang über dem Meer ließ Familie Gutečić-Gozze im 15. Jh. anlegen. Exotische Bäume, romantische Springbrunnen und herrliche Aussichtsterrassen verwandeln das **Arboretum Trsteno TOPZIEL**, 20 km nördlich, in eine Oase (www.info.hazu.hr, Trsteno, Sommer tgl. 7.00–19.00 Uhr, Winter kürzer).
Cavtat, 15 km südlich, gilt als Dubrovniks Wiege, von hier, dem damaligen Epidaurum, flohen die Bewohner vor den Kämpfen zwischen Awaren und Slawen im 7. Jh. nordwärts und gründeten Ragusa. Das Städtchen besitzt einen hübschen Rektorenpalast und schöne Strände (https://visit.cavtat-konavle.com).
Elf Eilande bilden den Archipel der Elafitischen Inseln, von denen drei, **Koločep**, **Lopud** und **Šipan**, bewohnt sind. Zum Wandern, Entschleunigen und Baden sind die Eilande ideal, Lopud genießt zudem die Gunst der Kunstmäzenin Francesca Thyssen-Bornemisza, die das verfallene Franziskanerkloster in das Luxus-Retreat Lopud 1483 umwandelte (www.lopud1483.com). Viermal täglich fährt ein Passagierschiff der Jadrolinija die Inseln an (www.jadrolinija.hr).

INFORMATION
TZ, Brsalje 5, 20000 Dubrovnik
Tel. 020 31 20 15, https://tzdubrovnik.hr

MIT AUSTERNFISCHERN UNTERWEGS

Dass die Austernzucht eine komplizierte Wissenschaft ist und in der Bucht von Mali Ston bereits von den Römern gepflegt wurde, ist nur eine Erkenntnis unserer knapp einstündigen Bootstour mit den Austernfischern der Familie Šare, die sich seit Generationen der Aufzucht, Pflege und Ernte der Ostrea edulis widmet.

Drei Jahre und zwei Umsiedlungsaktionen sind erforderlich, bis die Auster reif ist für den Verzehr. Zuerst ziehen die Fischer Baby-Austern in schützenden Netzen heran; dann werden die 3 cm großen Molluskeln in runde »Netzlaternen« umgesetzt, wo sie in der Lagune, in der sich Meer- und Frischwasser vermischen, heranwachsen. Schließlich hängen sie, in Zweiergruppen mit Zement aneinandergeklebt an langen Seilen im Meer, die zur Ernte ins Boot gehievt werden – im wahrsten Sinne des Wortes, denn die gut bestückten Seile sind richtig schwer! Im richtigen Leben landen diese Austern dann zur Reinigung auf flachen Arbeitsbooten, ein mühsames und wegen der scharfen Kanten der Austernschalen verletzungsintensives Geschäft!

Vielleicht nicht so berühmt wie französische Austern, aber ebenfalls sehr lecker sind die Austern, die in der Bucht von Mali Ston gezüchtet werden.

Die paar Austern für uns Passagiere reinigt Tomislav mit einem scharfen Messer. Dann öffnet er sie, spritzt etwas Zitrone darauf und reicht sie uns mit frischem Weißbrot und gekühltem Weißwein. So intensiv schmeckende Austern haben wir noch nie gekostet! Erkenntnis Nummer Zwei: purer Genuss!

Austern-Exkursion: Die beschriebene Tour organisiert das Restaurant Bota Šare in Mali Ston (https://botapalace.com). Ähnliche Exkursionen lassen sich auch bei Seosko domaćinstvo Ficović im Dorf Hodilje (Hodilje 30, Tel. 095 393 41 85, auf Facebook) buchen.

Charmante Hotels

PALAZZO ODER FISCHERHAUS?

Venezianischer Palazzo oder istrisches Fischerhaus, futuristische oder mediterrane Architektur, Hotel oder Bed & Breakfast – die Vielfalt an Unterkunftsmöglichkeiten an Kroatiens Küste ist enorm. Alle hier vorgestellten Hotels sind klein und familiär geführt, jedes ist auf seine Art außergewöhnlich.

1

HAUS MIT TRADITION

Es war einmal zu Beginn des 19. Jh.s ... so fängt die Saga dieses romantischen Boutiquehotels in Rovinjs Altstadt an. Es waren: eine italienische Adelsfamilie, drei Häuser, glückliche Zeiten, Jahre des Verfalls, und schließlich ein visionärer Hotelier. Wer heute aus einem der sieben luxuriösen Zimmer des Spirito Santo in den romantisch von Kerzen erhellten Innenhof tritt, fühlt sich um 200 Jahre zurückversetzt. Nicht in Punkto Ausstattung natürlich – die ist top-modern!

€€€ Spirito Santo Palazzo Storico, Ulica Augusto Ferri 44, Rovinj, Tel. 099 435 43 33, https://hotel-spiritosanto.de

MÜHLE AM RAUSCHENDEN BACH

Sie klappert leider nicht mehr, aber der Mühlenweiler Kotli wirkt dennoch wie ein verwunschener Ort mit dem über Felsstufen hüpfenden Flüsschen Mirna, den Gumpen, die zum erfrischenden Bad laden, den alten, verwilderten Olivenbäumen, den urigen Steinhäusern. Einige sind renoviert und hübsch ländlich eingerichtet mit grob verputzten Wänden, dunklen Balken und Geranien vor den Fenstern. Istrien einmal ganz anders.

€€ Kotli Stone Houses, Kotli, Tel. 098 22 84 32, https://istra-kotli.com

4

3

BLAUE TRÄUME

Unter und über uns das tiefe Blau. Möwen schaukeln im Wind, wir hören das Schlagen der Wellen an den kleinen Kiesstrand. Sein Hotel denkt er sich wie ein Schiff, wünschte sich Krunoslav Kapetanović, der Besitzer des Navis. Nun, der Kapitän steckt ja schon im Namen, und Architekt Idis Turato setzte diese Vision kongenial um. Wir, die Gäste, träumen ihn weiter. In großzügigen Zimmern mit maritimen Design, beim Aperitif auf der Terrasse, vor der die Inseln Krk und Cres vor Anker liegen, beim Abendessen im Gourmet-restaurant mit Kvarner Skampi, die auf der Zunge zergehen. Wo bleibt der Kapitän des Traumschiffs?

€€€ Navis, Ivana Matetića Ronjgova 10, Opatija, Tel. 051 44 46 00, https://hotel-navis.hr

EINE FATA MORGANA?

Pag ist eine karge Insel, umso mehr wirkt das Hotel Boškinac wie eine Fata Morgana. Die hellen Steinmauern leuchten zwischen Olivenbäumen und Weinreben, zwischen Zypressen und Eichen hervor. Elegant-gemütlich eingerichtete Zimmer laden zur Entschleunigung. Abends im Sternerestaurant explodiert ein Genuss-Feuerwerk mediterraner Kochkunst, kenntnisreich begleitet von den feinsten Weinen der Region. Fehlt noch etwas? Die Partystrände von Novalja sind ganz nah – aber wer will da schon hin!

€€€ Hotel Boškinac, Škopalska ulica 220, Novalja, Pag, Tel. 053 66 35 00, www.boskinac.com

WEISS, WEISS, WEISS SIND MEINE FARBEN

Die meist blutverkrusteten Game-of-Thrones-Helden hätte man in dieses blütenweiße Dubrovniker Bed & Breakfast sicher nur nach gründlichem Bad eingelassen, und es ist auch nicht überliefert, ob deren Darsteller hier wohnten. Die Betreiber des Byron lieben helle Farben und romantische Einrichtung, weiß ist hier der Hit. Die Fenster blicken auf die Kathedrale und das Gedränge in den Gassen, das Frühstück wird ans Bett gebracht. Klaudi und Clive sind die perfekten Gastgeber.

€€€ Byron, Pobijana ulica 4, Dubrovnik, Tel. 099 455 55 26, www.thebyrondubrovnik.com

ZU BESUCH

Genauso fühlt es sich an, wenn man im Hotel Glavović, gleich am Hafenpier der Elafiteninsel Lopud absteigt. Seit 1927 ist das stattliche Haus in Familienbesitz und war lange Zeit das einzige Hotel auf der Insel. Die Patriarchin begnügt sich aber keinesfalls nur mit der Führung des Hotels, sie leitet auch das örtliche Büro der Fährschifflinie Jadrolinija, weiß, sieht und hört alles ... und spricht fließend Deutsch. Die Zimmer sind freundlich und hübsch, alle blicken aufs Meer, und im Restaurant erwarten den Gast keine kulinarischen Experimente sondern die gute alte dalmatinische Küche.

€€ Hotel Glavović, Obala Iva Kukljevana, Lopud, Tel. 020 75 93 59, www.hotel-glavovic.hr

HILFREICH & NÜTZLICH

Praktische Informationen und einiges Wissenswerte über Kroatiens Küstenregionen haben wir hier für Sie zusammengestellt.

Fern ab der Küste ist man in Istrien häufig allein unterwegs, hier bei Momjan.

ANREISE

Mit dem Auto: Von Deutschland und Österreich aus erreichen Sie die kroatische Küste fast durchgängig auf Autobahnen. Von Ljubljana (Slowenien) fahren Sie entweder in Richtung Zagreb/Split ins südliche Dalmatien oder Pula bzw. Rijeka für den nördlichen Küstenabschnitt mit Istrien. Die Autobahnen sind vignetten- bzw. mautpflichtig.
Mit der Bahn: Gute Bahnverbindungen bestehen von Süddeutschland und Mittelösterreich aus nach Ljubljana (dort umsteigen in Richtung Rijeka). Weiter nach Süden sind die Verbindungen sehr langsam.
Mit dem Bus: Fernbusse fahren in der Saison alle größeren Küstenstädte an (z.B. www.eurolines.de, www.flixbus.de).
Mit dem Flugzeug: Im Sommerhalbjahr fliegen Chartermaschinen von u.a. TuiFly (www.tuifly.com) oder Ryanair (www.ryanair.com) verschiedene Ferienorte an der Küste an, darunter auch die Insel Brač. Eurowings (www.eurowings.com) fliegt in der Saison regelmäßig nach Dubrovnik, Pula, Rijeka, Split und Zadar.

AUSKUNFT

Deutschland: Kroatische Zentrale für Tourismus, Stephanstr. 13, 60 313 Frankfurt am Main, Tel. 069 2 38 53 50
Österreich: Liechtensteinstr. 22a, 1090 Wien, Tel. 01 5 85 38 84 (auch für die Schweiz).
Internet: www.croatia.hr, die offizielle Seite des Fremdenverkehrsamtes bündelt alle Informationen zu Kroatien, von Geschichte bis Essen, von Unterkunft bis Sport, stets mit weiterführenden links.
www.istra.hr, www.kvarner.hr, www.dalmatia.hr, https://visitdubrovnik.hr: Ähnlich umfangreiche und aktuelle Infos der regionalen Tourismusämter.
www.frankaboutcroatia.com: Der englischsprachige Blog enthält viele persönliche Infos und Tipps und nette Beschreibungen – aber natürlich auch viel Werbung.
www.instagram.com/visit.croatia/?hl=de: für alle, die sich nicht an schönen Bildern sattsehen können.

AUTOFAHREN

Das Tempolimit auf Autobahnen beträgt 130 km/h, auf Schnellstraßen 110 km/h, auf Landstraßen 90 km/h, innerorts 50 km/h. Im Winterhalbjahr muss immer, auch tagsüber, mit Abblendlicht gefahren werden. Telefonieren ist nur mit einer Freisprechanlage oder Kopfhörern erlaubt. Vorgeschrieben sind Warndreieck und Warnwesten für alle Insassen, die im Falle einer Panne beim Verlassen des Fahrzeugs angelegt werden müssen; die Promillegrenze beträgt 0,5. Unfälle müssen der Polizei gemeldet werden.

ESSEN UND TRINKEN

Speisen: Im nördlichen Teil der Küste, in Istrien und der Kvarner Bucht, treffen slawische, österreichische und italienische Kochtraditionen aufeinander. Das Ergebnis ist eine sehr vielseitige Küche auf der Basis frischer Naturprodukte, in der Fisch und Meeresfrüchte dominieren. Saisonale Spezialitäten wie wilder Spargel oder Trüffel bereichern sie. Weiter nach Süden machen sich die Einflüsse der Balkanküche mit deftigen Grillgerichten wie Čevapčići (Hackfleischwürstchen) und Ražnići (Fleischspießchen) vom Grill bemerkbar. Der Schwerpunkt liegt aber auch hier auf frischem Fisch und Meeresfrüchten. Brancin (Wolfsbarsch), orada (Goldbrasse) oder list (Seezunge) sind besonders beliebt. Neben diesen Edelfischen stehen meist auch srdela (Sardellen), skuša (Makrele) oder tuna (Thunfisch) als plava riba, Blaufisch, auf der Speisekarte. Fisch wird nach Gewicht abgerechnet – ein Kilo Edelfisch kostet um 400 Kuna. In den Flachwasserbuchten um Ston (Halbinsel Pelješac) werden Austern gezüchtet.
Auf der beliebten **Vorspeisenplatte** sind neben eingelegten Oliven, Kapern und Peperoni verschiedene Schinken- und Wurstsorten versammelt: pršut, luftgetrockneter Schinken, pančeta, feiner, hauchdünn aufgeschnittener Schinkenspeck, und Salami, die übrigens aus Boškarin-Fleisch, einer istrischen, autochthonen Rinderrasse, bestehen kann. Das Käseangebot ist nicht so breit gefächert, aber Schafskäse von der Insel Pag, paški sir, ist fast immer dabei.
Fleisch, besonders Lamm, wird gerne in der Peka zubereitet: Die schwere Eisenpfanne mit Eisendeckel steht in der heißen Herdasche und wird mit Glut abgedeckt. Zusammen mit Kartoffeln und Kräutern darf das Fleisch darin stundenlang garen und wird so besonders aromatisch und zart. Vor allem auf den Inseln sind Peka-Gerichte beliebt und werden u.a. auch mit Oktopus zubereitet.

Dem Meer ganz nah: Bar Mediterraneo in Rovinj.

Getränke: Kroatiens Weine werden gerade erst entdeckt, und es lohnt sich! Weißer Malvazija und roter Teran und Refošk, die autochthonen Reben von der Halbinsel Istrien, sind ideale Begleiter zu Fisch und Fleisch. Auch die Winzer auf der Halbinsel Pelješac ziehen aus ihren Plavac-Reben Spitzenweine.
Beim Bier, pivo, beherrschen die Marken Karlovačko und Ožujsko den Markt; Mineralwasser, mineralna voda, bekommen Sie still oder mit Kohlensäure von verschiedenen Abfüllern.

FEIERTAGE UND FESTE

Feste: Im katholischen Kroatien werden kirchliche Festtage mit großer Innigkeit begangen. Marienfeiertage und die Patronatstage der Kirchen- bzw. Stadtheiligen begleiten bunte Prozessionen, so etwa in Dubrovnik am Tag des hl. Vlaho (3. 2.) oder in Njivice auf Krk das Marienfest Mala Gospa (8. 9.).
Einen weiteren Grund zum Feiern liefern Ernten, etwa der Kastanien in Lovran (Marunada im Oktober) oder der Trüffeln in ganz Istrien (November). Auch die Traubenlese wird in den Weinanbaugebieten entlang der gesamten kroatischen Küste mit Musik, Speis und Trank abgeschlossen (Ende Oktober, Anfang November).
Events: Die Sommermonate (und damit die touristische Hochsaison) stehen vielerorts im Zeichen klassischer oder moderner Musik. Allen voran die Musikabende in Osor (Cres) mit zeitgenössischen Werken oder das Sommerfestival in Dubrovnik mit klassischer Musik. Die Küste ist aber auch Veranstaltungsort großer Pop-Events, so in der Arena von Pula, wo prominente Popstars auftreten, oder in Tisno, wo das Techno-Festivals Dimensions über die Bühne geht.

So probiert man am besten Olivenöl, zusammen mit Schinken, Käse und Wein.

Feiertage: 1. Januar: Nova godina (Neujahr)
6. Januar: Sveta tri kralja (Hl. Drei Könige)
März/April: Uskrsni blagdani (Ostern)
1. Mai: Praznik rada (Tag der Arbeit)
Mai/Juni: Tijelovo (Fronleichnam)
22. Juni: Dan antifašističke borbe (Tag des antifaschistischen Widerstandskampfes)
25. Juni: Dan državnosti (Nationalfeiertag)
5. August: Dan pobjede i domovinske zahvalnosti (Tag des Sieges/Rückeroberung der Krajina 1995)
15. August: Velika Gospa (Mariä Himmelfahrt)
8. Oktober: Dan neovisnosti (Unabhängigkeitstag)
1. November: Svi sveti (Allerheiligen)
25./26. Dezember: Božići blagdani (Weihnachten).

GESCHICHTE

ab 1000 v. Chr.: Illyrische Volksgruppen siedeln an Küste und Inseln.
Um 500 v. Chr.: Griechen gründen Handelskolonien, u.a. auf Vis, Hvar und Korčula.
Ab dem 3. Jh. v. Chr.: Römische Vorstöße auf Istrien und Dalmatien; 178 v. Chr. wird die histrische Hauptstadt Nesaticum erobert. Unter Augustus um die Zeitenwende systematische Kolonisierung.
4.–9. Jh.: Nach dem Ende des Römischen Reiches gehören Istrien und Dalmatien abwechselnd zu Byzanz und Westrom. Im Zuge der Völkerwanderungen gelangen slawische Kroaten an die Adriaküste und gründen Fürstentümer.
925: Tomislav wird zum ersten König der Kroaten gekrönt, eigenes Königreich.
Ab dem 11. Jh.: Noch erhalten einige kroatische Fürsten (so auf Krk) im Konflikt zwischen Venedig und Ungarn, die beide Einfluss auf die Küste nehmen wollen, ihre Autonomie aufrecht. Ab dem 13. Jh. gewinnt Venedig die Oberhand.
13.–17. Jh.: Blüte der Küstenstädte unter venezianischer Herrschaft. Nur Ragusa (Dubrovnik) kann seine Unabhängigkeit behaupten. Sowohl Venedig als auch Ragusa sind ab dem 14. Jh. mit der osmanischen Expansion konfrontiert, die an der Küste aber nicht erfolgreich ist.
18./19. Jh.: Die Kriegswirren im Zuge der napoleonischen Eroberungen schlagen die Region abwechselnd Habsburg, Frankreich, Italien und dann wieder Habsburg zu.
1919: Durch den Vertrag von Saint Germain wird Dalmatien dem Königreich der Serben, Kroaten und Slowenen zugeschlagen.
1941: Besetzung Kroatiens durch deutsche Truppen. Josip Broz Tito organisiert einen Partisanenkrieg gegen die Besatzer.
1945–1992: Nach dem Zweiten Weltkrieg vertreiben Partisanen rund 200 000 italienischstämmige Menschen aus Istrien. Kroatien ist Teil der Föderativen Volksrepublik Jugoslawien. Nach Titos Tod verschärfen sich ab 1980 die Spannungen zwischen den jugoslawischen Teilrepubliken. Nach der Unabhängigkeit Kroatiens 1992 wird Franjo Tuđman erster Präsident.
1991–1995: Der kroatische Unabhängigkeitskrieg belastet auch die Küstenregion; ethnische Säuberungen geschehen u.a. auch im Hinterland von Split. Dubrovnik wird von serbisch-jugoslawischen Truppen belagert.
2009: Kroatien wird Vollmitglied der NATO und 2013 28. EU-Mitglied.
Bis 2022: In den wechselnden Parteienbündnissen der kroatischen Regierung dominieren regelmäßig rechtsnationale Kräfte um die Tuđman-Partei HDZ.
2022: Man erwartet die EU-Zustimmung für den Beitritt zum Schengen-Raum.

GELD

In Kroatien bezahlen Sie mit Kuna zu je 100 Lipa (100 Kn = 13,27 €), vielerorts werden im Notfall auch Euro akzeptiert. An Geldautomaten können Sie überall Geld abheben (Gebühren beachten). Die gängigen Kreditkarten werden in Hotels und Restaurants, an Tank- und Mautstellen akzeptiert.

HOTELS

Das Angebot reicht vom intimen Boutiquehotel über große Hotelanlagen am Strand bis zu persönlich geführten Pensionen, B&B und Hostels; auch Campingplätze sind entlang der Küste und auf den Inseln zahlreich vertreten. Den besten Überblick bieten Buchungsportale wie booking.com oder airbnb.com. Auf den Infoseiten werden verschiedene Beherbergungsbetriebe vorgestellt, sie sind in nachfolgende Preiskategorien eingeteilt (Preise gelten für die Hauptsaison, in der Nebensaison deutliche Preisnachlässe).

PREISKATEGORIEN

€€€€	Doppelzimmer	über 250 €
€€€	Doppelzimmer	150 – 250 €
€€	Doppelzimmer	70 – 150 €
€	Doppelzimmer	bis 70 €

LITERATUR

Lesenswerte Anthologien literarischer Texte zu der jeweiligen Region versammelt der Klagenfurter Wieser Verlag in den ebenso hübschen wie handlichen Bändchen der Reihe »Europa erlesen«. Erschienen sind u.a. »Dalmatien« (1998), »Istrien« (1997), »Dubrovnik« (2001). Auch einige Regionalkommissare treiben ihr literarisches Unwesen an der kroatischen Küste, so die Rijeker Kommissarin Sandra Horvat z.B. in »Mord mit Meerblick« (München 2017).
DuMont Bildatlas Istrien/Kvarner Bucht: Ebenfalls viele inspirierende Bilder und diverse interessante Infos über den Norden Kroatiens hält der Bildatlas Bd. 163 bereit (4. Aufl. 2021).

NOTRUF

Notrufnummer: 112 (einheitlich für Europa)
Panne: Kroatischer Automobilclub HAK (www.hak.hr) 1987, vom Handy +385 1 1987
ADAC-Notruf: 01 344 06 66 (deutschsprachig)

REISEZEIT

Wer es einrichten kann, sollte Juli und August besser meiden. Hohe Preise und volle Strände schmälern das Urlaubsvergnügen. In der ersten Augusthälfte machen die meisten Kroaten Urlaub. Juni und September sind ideal, wenn man baden möchte, Frühjahr und Herbst empfehlen sich mit angenehm-warmen Temperaturen für Aktiv- und Kulturreisende; allerdings sollten Sie mit gelegentlichen Regentagen rechnen (siehe Klimatabelle rechts).

RESTAURANTS

Das Speisenangebot der meisten Restaurants ist recht ähnlich, auch beim Preisniveau gibt es nur geringe Schwankungen. Eine Ausnahme machen die immer zahlreicher werdenden Gourmetrestaurants (Michelin, Gault Millau), deren Preise deutlich darüber liegen. **Konobas**, ursprünglich rustikale Weinlokale, haben sich auf eher einfache, traditionelle Küche spezialisiert. Vegetarische oder gar vegane Gerichte sind nach wie vor nur in größeren Städten zu bekommen.

Auch das gibt es in Kroatien: feinen Sandstrand auf der Insel Lopud.

Die meisten Restaurants haben bis 23.00 oder 24.00 Uhr geöffnet. Im Winter verkürzte Öffnungszeiten.

PREISKATEGORIEN

€€€€	Hauptgericht	über 20 €
€€€	Hauptgericht	15–20 €
€€	Hauptgericht	10–15 €
€	Hauptgericht	bis 10 €

SOUVENIRS

Die nachhaltigsten Souvenirs sind Naturprodukte: Fleur de Sel aus den Salinen von Nin, Trüffelpaste und feines Olivenöl aus Istrien, Käse, Wein ... Da macht das Einkaufen (samt Verkostung) Spaß. Es lohnt sich auch, in Kunstgewerbeläden und Galerien nach Besonderem zu stöbern – viele Kreative verkaufen Schmuck, Skulpturen und Bilder von erstaunlicher Qualität. Als gute Adressen hierfür und auch für Läden kroatischer Modedesigner gelten Split, Hvar und Dubrovnik.

SPORT

Wassersport: Bootfahren, Wind- und Kitesurfen, Kajak oder Wasserskilift fahren, Schnorcheln – an der Küste finden Aktive zahllose Möglichkeiten, sich sportlich zu betätigen. Windsurfer toben sich in der Wasserstraße zwischen Brač und Hvar vor dem Badeort Bol aus oder stellen ihr Segel zwischen Korčula und Orebić (Halbinsel Pelješac) in den hier oft stürmischen Wind. Kitesurfer treffen sich in der Lagune von Nin. In den meisten Ferienorten gibt es einen Geräteverleih. Für Segler ist Kroatien mit seinen vielen unbewohnten Inseln ein Paradies. Die meisten Marinas sind sehr gut ausgestattet (www.aci-marinas.com).
Tauchen: Taucher erwarten in den klaren Gewässern zwei besondere Attraktionen: Die unberührte und artenreiche Unterwasserwelt von Nationalparks wie Brijuni oder der Kornaten sowie die Möglichkeit, Schiffswracks zu betauchen. Das berühmteste ist der 1914 vor Rovinj versenkte Passagierdampfer Baron Gautsch. Wer mit Pressluft taucht, benötigt einen international gültigen Tauchschein.
Baden: An zahlreichen Stränden und in vielen Marinas der kroatischen Küste weht die Blaue Flagge als Auszeichnung für besondere Sauberkeit. Das glasklare Meer macht Schwimmen zu einem Genuss, nur der Weg über Felsen ins Wasser bereitet gelegentlich Probleme. Viele Ferienorte schaffen Abhilfe, indem sie den Zugang betonieren; an Naturstränden sollten Sie besser Badeschuhe anziehen.
Golf: Der 1922 eröffnete Plaltz im Brijuni-Nationalpark gehört zu dem schönsten Plätzen im Land. Nach modernen Standards angelegt wurde vor allem der Golfplatz in Savudrija.
Tennis: Umag ist das Tennis-Mekka. Training bietet z.B. Wagner Tennis (www.wagnertennis.at).
Wandern: Im Nationalpark Risnjak, im Naturpark Učka, entlang der Gebirgszüge Biokovo und Velebit, aber auch auf den Eilanden erschließen gut unterhaltene Wege Waldlandschaften, Inselberge oder unberührte Küstenabschnitte.
Klettern: Immer neue Areale für Freeclimber werden gesichert und ausgewiesen. Berühmt sind die Kletterwände des Paklenica-Nationalparks (S. 67) und mehrere Klettergebiete auf der Insel Brač. In Istrien gilt der venezianische Steinbruch bei Rovinj als Klassiker.
Radfahren: Einige Regionen haben mit dem Ausbau schöner Radwanderstrecken begonnen, z.B. mit der Trasse der ehemaligen Parenzana-Schmalspurbahn (www.istria-bike.com/de). Allein Istrien hat 2600 km Radwege. In den Ferienorten oder Hotels können E-Bikes und Fahrräder gemietet werden.

WETTERDATEN

Hvar

	TAGES-TEMP. MAX.	TAGES-TEMP. MIN.	TAGE MIT NIEDER-SCHLAG	SONNEN-STUNDEN PRO TAG
Januar	12°	7°	9	4
Februar	13°	7°	8	5
März	16°	8°	7	6
April	18°	10°	7	8
Mai	22°	15°	5	9
Juni	27°	19°	4	11
Juli	29°	21°	2	12
August	29°	21°	3	11
September	27°	18°	5	9
Oktober	21°	14°	8	7
November	18°	11°	10	4
Dezember	14°	8°	10	4

SPRACHE

Kroatisch ist die Amtssprache, geschrieben wird in lateinischer Schrift. In den Küstenregionen wird vielerorts auch Italienisch, Englisch oder Deutsch verstanden.

TELEFON

Da Kroatien zur EU gehört, fallen bei Telefonaten oder SMS-Versand keine Roaming-Gebühren an.
Vorwahlen: Deutschland 0049, Österreich 0043, Schweiz 0041, Kroatien 00385.

Die vielen Inselchen – hier vor Hvar – sind die höchsten Erhebungen von Tälern, die in der letzten Eiszeit überflutet wurden.

REGISTER

Fette Ziffern verweisen auf Abbildungen.

IMPRESSUM

1. Auflage 2022

Verlag: DuMont Reiseverlag, Postfach 3151, 73751 Ostfildern, Tel. 0711/4502-0, Fax 0711/4502-135, www.dumontreise.de
Geschäftsführer: Dr. Stephanie Mair-Huydts, Markus Schneider
Programmleitung: Andrea Wurth
Redaktion: Birgit Borowski
Text: Daniela Schetar-Köthe und Friedrich Köthe
Exklusiv-Fotografie: Frank Heuer
Titelbild: Huber Images/Justin Foulkes (Strand von Podrace bei Brela)
Zusätzliches Bildmaterial: S. 41 unten: Mauritius Images/Alamy Stock Photos, S. 73: laif/Dorothea Schmid
Grafische Konzeption, Layout: CYCLUS · Visuelle Kommunikation, Stuttgart
Kartografie: © MAIRDUMONT GmbH & Co. KG, Ostfildern
Illustration: Grazyna Ostrowska-Henschel (S. 6, 22, 108, 114)
DuMont Bildarchiv: Marco-Polo-Straße 1, 73760 Ostfildern, Tel. 0711/4502-0, bildarchiv@mairdumont.com

Erscheinungsweise: vierteljährlich.

Anzeigenvermarktung: MAIRDUMONT MEDIA, Tel. 0711/4502-0, Fax 0711/4502-1012, media@mairdumont.com, http://media.mairdumont.com
Vertrieb Zeitschriftenhandel: PARTNER Medienservices GmbH, Postfach 810420, 70521 Stuttgart, Tel. 0711/7252-212, Fax 0711/7252-320
Vertrieb Abonnement: Leserservice DuMont Bildatlas, Zenit Pressevertrieb GmbH, Postfach 810640, 70523 Stuttgart, Tel. 0711/7252-265, Fax 0711/7252-333, dumontreise@zenit-presse.de
Vertrieb Buchhandel und Einzelhefte: MAIRDUMONT GmbH & Co KG, Marco-Polo-Straße 1, 73760 Ostfildern, Tel. 0711/4502-0, Fax 0711/4502-340
Reproduktionen: PPP Pre Print Partner GmbH & Co. KG, Köln

Printed in Germany

Urlaub erinnern …

Ein Stück Kroatien mit nach Hause nehmen, verlängert die Reisefreude. Die Auswahl ist groß, der Koffer immer zu klein – aber auch Erinnerungen sind ein tolles Souvenir!

FRISCHER FISCH

Der Geschmack von frischem Fisch lässt sich zuhause nicht herbeizaubern, aber die Erinnerung an kroatische Sushi, an Austern und Weißwein, an rohe Kvarner Scampi bleibt noch lange nach deren Genuss bestehen und die Erkenntnis: Das Land der ewig gleichen Grillgerichte hat sich in eine Gourmet-Oase für Fisch-Liebhaber verwandelt.

STARTAS VON BOROVO

Auf den kultigen Sneakers von Kroatiens Traditions-Schuhmarke Borovo mit Sinn für Nachhaltigkeit und Farben tänzele ich zuhause genauso locker durchs Leben wie in den Ferien. www.borovo.hr/hr/shop/startas-articoka

DIE LAST DER GESCHICHTE

Wie konnte die Weltgemeinschaft zusehen, als Dubrovnik 1991/1992 mehrere Monate von der jugoslawischen Armee belagert und beschossen wurde? 114 Zivilisten und 200 Soldaten verloren ihr Leben, unzählige Häuser wurden zerstört – und das in dieser von der UNESCO geschützten »Perle der Adria«! Dubrovnik ist wieder heil, doch das Entsetzen darüber bleibt.

EINE KRAWATTE …

… für den Liebsten muss natürlich aus Kroatien stammen, denn schließlich haben die Kroaten sie erfunden! Kroatische Soldaten drapierten ihr Halstuch so keck, dass Napoleons modebewusste Truppen sofort nachzogen. Aus »Kroate« wurde die »cravatte« und daraus ein Souvenir, das nicht nur originell, sondern auch sehr praktisch und in vielen Varianten erhältlich ist.

EIN GLAS VOLLER BUNTER STEINE

An jedem Strand haben wir nach besonderen Steinen gesucht: Die einen glattpoliert und rosé oder lila, die anderen kalkweiß und von der Erosion in bizarre Skulpturen verwandelt, die dritten schwarzglänzend wie erstarrtes Magma – ich habe sie auf dem Fensterbrett drapiert, sie erinnern mich jeden Tag an entspannte Tage am Meer.

SELBST GEPFLÜCKTER LAVENDEL

Lavendel sorgt noch Monate danach für den Urlaubsduft im Kleiderschrank. Er wächst nicht nur auf der dafür berühmten Insel Hvar, sondern so gut wie überall am Wegesrand. Pflücken, trocknen, ein Stoffsäckchen nähen und von der kroatischen Küste träumen.

»ITALIEN, DAS NICHT ITALIEN IST.«

Der italienische Filmregisseur, Dichter und Publizist Pier Paolo Pasolini (1922–1975) über Istrien in »Il caos«, 1969.

EINE VERLORENE LIEBE

Die Sonne geht unter, das Meer plätschert ans Ufer, Tomislav Bralić besingt mit Schmelz in der Stimme eine verlorene Liebe und das Ensemble Klapa Intrade stimmt ihm vielstimmig zu. Kitsch? Aber sicher. Deshalb aber nicht weniger schön und typisch Dalmatien!
Auf YouTube können verschiedene Videos von Tomislav Bralić abgerufen werden.

SOUND DES MODERNEN KROATIEN

Und weil Kroatien ja nicht nur aus Sehnsucht und Sonnenuntergängen besteht, sorgt eine CD der Spliter Hiphopper Dječaci, z.B. Dalmacija, fürs zeitgemäße Kontrastprogramm zur romantischen klapa-Verklärung. www.youtube.com/watch?v=TKv7lyIJts0.

DIE BLÜTE DES MEERES

Fleur de Sel wird von Hand »geerntet«, sobald die Mittagssonne eine dünne Salzschicht auf die Verdunstungsbecken der Saline von Nin gezaubert hat. Es sind feinste, zerbrechliche Gebilde aus Salz. Ein Hauch davon über den Salat und Sie schmecken das Meer!
www.solananin.hr/de/produkte/niner-salzblume/item/?p=2650

PREISGEKRÖNTE OLIVENÖLE

Davon gibt es einige in Istrien: Besonders gut schmecken uns die Sorte Frantoio von Ipša (https://ipsa-maslinovaulja.com) und das Bio-Cuvée Organic von Chiavalon (www.chiavalon.hr). Ein paar Tropfen auf den Teller, dazu Fleur de Sel – und das Aroma Istriens entfaltet seinen Zauber.

VOR SCHAU

DUBAI, ABU DHABI

Mega-Architektur
Mit spektakulären Bauwerken will Dubai beeindrucken – Infos aus erster Hand von deutschen Architekten.

Die Outdoor-Destination
Wir stellen auch die kleinen Emirate vor. Ras al Khaimah hat sich als Outdoor-Destination positioniert.

1000 und eine Nacht
Oman ist ein Land der Kontraste, aber auch noch ein Stück authentisches Arabien.

www.dumontreise.de

PARIS

Alles neu?
Der Aufbau von Notre-Dame schreitet voran, neues Kunstmuseum in der Warenbörse, spektakuläre Architektur in Balard, Batignolles, ...

Hier spielt die Musik
Paris hat eine Fülle von interessanten Musikbühnen, die besten stellen wir vor.

Große Ereignisse
Vom 26.7. bis 11.8.24 finden die Olympischen Sommerspiele statt, lesen Sie, wie sich Paris darauf vorbereitet.

LIEFERBARE AUSGABEN

DEUTSCHLAND
207 Allgäu
216 Altmühltal
220 Bayerischer Wald
180 Berlin
162 Bodensee
217 Brandenburg
175 Chiemgau, Berchtesg. Land
013 Dresden, Sächsische Schweiz
152 Eifel, Aachen
157 Elbe und Weser, Bremen
168 Franken
020 Frankfurt, Rhein-Main
112 Freiburg, Basel, Colmar
231 Hamburg
026 Hannover zw. Harz und Heide
042 Harz
023 Leipzig, Halle, Magdeburg
210 Lüneburger Heide
188 Mecklenburgische Seen
038 Mecklenburg-Vorpommern
033 Mosel
190 München
047 Münsterland
223 Nordseeküste Schleswig-Holstein
006 Oberbayern
161 Odenwald, Heidelberg
035 Osnabrücker Land, Emsland
002 Ostfriesland, Oldenburger Land
164 Ostseeküste Mecklenburg-Vorpommern
154 Ostseeküste Schleswig-Holstein
201 Pfalz
040 Rhein zw. Köln und Mainz
185 Rhön
186 Rügen, Usedom, Hiddensee
206 Ruhrgebiet
149 Saarland
182 Sachsen
159 Schwarzwald Norden
045 Schwarzwald Süden
018 Spreewald, Lausitz
008 Stuttgart, Schwäbische Alb
141 Sylt, Amrum, Föhr
204 Teutoburger Wald
170 Thüringen
037 Weserbergland
173 Wiesbaden, Rheingau

BENELUX
156 Amsterdam
011 Flandern, Brüssel
179 Niederlande

FRANKREICH
177 Bretagne
021 Côte d'Azur
032 Elsass
228 Frankreich Südwesten Okzitanien
019 Korsika
213 Normandie
235 Paris
198 Provence

GROSSBRITANNIEN/ IRLAND
187 Irland
202 London
189 Schottland
227 Südengland

ITALIEN/MALTA/ KROATIEN
181 Apulien, Kalabrien
211 Gardasee
222 Golf von Neapel, Kampanien
163 Istrien, Kvarner Bucht
215 Italien, Norden
233 Kroatische Adria
167 Malta
155 Oberitalienische Seen
158 Piemont, Turin
014 Rom
165 Sardinien
003 Sizilien
203 Südtirol
039 Toskana
232 Venedig, Venetien

GRIECHENLAND/ ZYPERN/ TÜRKEI
034 Istanbul
016 Kreta
176 Türkische Südküste, Antalya
229 Zypern

MITTEL- UND OSTEUROPA
104 Baltikum
208 Danzig, Ostsee, Masuren
169 Krakau, Breslau, Polen Süden
044 Prag
193 St. Petersburg

ÖSTERREICH/ SCHWEIZ
192 Kärnten
004 Salzburger Land
196 Schweiz
226 Tirol
197 Wien

SPANIEN/PORTUGAL
043 Algarve
214 Andalusien
150 Barcelona
025 Gran Canaria, Fuerteventura, Lanzarote
172 Kanarische Inseln
199 Lissabon
209 Madeira
174 Mallorca
225 Porto, Nordportugal
007 Spanien Norden
219 Teneriffa, La Palma, La Gomera, El Hierro

SKANDINAVIEN/ NORDEUROPA
166 Dänemark
212 Finnland
153 Hurtigruten
029 Island
200 Norwegen Norden
178 Norwegen Süden
151 Schweden Süden, Stockholm

LÄNDERÜBERGREIFENDE BÄNDE
224 Donau – Von der Quelle bis zur Mündung
112 Freiburg, Basel, Colmar
221 Kreuzfahrt in der Ostsee

AUSSEREUROPÄISCHE ZIELE
183 Australien Osten, Sydney
109 Australien Süden, Westen
218 Bali, Lombok
195 Costa Rica
234 Dubai, Abu Dhabi, VAE
160 Florida
036 Indien
205 Iran
027 Israel, Palästina
230 Kalifornien
031 Kanada Osten
191 Kanada Westen
171 Kuba
022 Namibia
194 Neuseeland
041 New York
184 Sri Lanka
048 Südafrika
012 Thailand
046 Vietnam